떴다! 지식탐험대

잠수정 돌핀5000, 태평양 바닷속으로!

떴다! 지식 탐험대 - 강과 바다
잠수정 돌핀5000, 태평양 바닷속으로!

초판 제1쇄 발행일 2011년 6월 25일
개정판 제1쇄 발행일 2020년 12월 20일
글 김순한 그림 신지수 감수 김웅서
발행인 박헌용, 윤호권 발행처 (주)시공사 주소 서울시 성동구 상원1길 22
전화 문의 02-2046-2800 홈페이지 www.sigongsa.com / www.sigongjunior.com

ⓒ 김순한·신지수, 2011

이 책의 출판권은 (주)시공사에 있습니다.
저작권법에 의해 한국 내에서 보호받는 저작물이므로, 무단 전재와 무단 복제를 금합니다.

ISBN 979-11-6579-287-9 74400
ISBN 979-11-6579-001-1 (세트)

홈페이지 회원으로 가입하시면 다양한 혜택이 주어집니다.
잘못 만들어진 책은 구입하신 곳에서 바꾸어 드립니다.

 KC마크는 이 제품이 공통안전기준에 적합하였음을 의미합니다.
제조국 : 대한민국   사용 연령 : 8세 이상
주의 사항 : 책장에 손이 베이지 않게, 모서리에 다치지 않게 주의하세요.

##

잠수정 돌핀5000, 태평양 바닷속으로!

글 김순한 / 그림 신지수 / 감수 김웅서

시공주니어

　봄 햇살이 눈부시게 좋았던 어느 날, 제주도를 여행하게 되었어요. 산호와 소라의 심해저 탐사 이야기를 쓰는 중이었으니 기회는 이때다 싶어, 난생처음 잠수함을 타기로 마음먹고 서귀포 서쪽 앞바다로 갔지요. 잠수함 선착장까지는 넘실대는 푸른 물살을 가르며 유람선을 타고 갔어요. 탁 트인 바다를 배경으로 한라산을 비롯해 산방산, 형제섬, 저 멀리 마라도가 두루 보였지요.

　선착장에 도착하자 노란색 잠수함이 눈에 들어왔어요. "야, 보이저호다!" 소풍 가는 어린아이처럼 가슴이 쿵쿵 뛰었어요. 해치를 열고 조심조심 잠수함으로 들어가서는, 누구보다도 바닷속 풍경을 열심히 관찰하려고 둥근 창 앞에 코를 박고 앉았지요. 드디어 입수! 뽀글뽀글 물방울이 소용돌이쳤어요. '잠수함이 고장 나서 산소가 떨어지면 어쩌지? 혹시 상어가 나타난다면?' 온갖 쓸데없는 상상에 조마조마한 마음으로 잠수함 벽에 붙은 수심 계기판을 바라봤어요. 1, 2, 3……10. 10m에 이르자 해조류와 멸치 떼가 보였어요. 11, 12……28. 어느새 바닷속 28m까지 오자, 꽃동산처럼 아름다운 산호와 그 사이를 헤엄치는 물고기들이 보였어요. 수백 마리의 자리돔이 잠수함을 순식간에 에워싸는 듯했어요. 흑갈색의 몸빛을 한 예쁜 물고기였지요.

"야호!" 잠수함 안에 있던 아이들이 갑자기 박수를 치며 환호했어요. 어느 틈에 잠수부 아저씨가 나타나 창밖에서 손을 흔들고 있었거든요. 잠수부 아저씨는 먹이를 주면서 물고기들을 불러 모으는가 싶더니, 이번에는 가오리 한 마리를 들고 나타났어요. 유난히 큰 가슴지느러미가 인상적이었지요. 가오리의 배 부분을 창 가까이 들이대자, 가느다란 입이 마치 미소를 짓고 있는 것처럼 보였어요.

　저의 첫 바닷속 여행은 여기서 아쉽게 끝났어요. '겨우 수중 28m까지만 내려왔는데, 5000m 심해저 이야기를 어떻게 써야 한담?' 그래도 그렇게나마 직접 체험한 바닷속 세계의 생생한 느낌을 전해 주고 싶었답니다.

　지구의 2/3를 덮고 있는 바다! 하지만 깊고 넓은 바다에 대해 우리가 알고 있는 것은 그리 많지 않답니다. 심해를 다녀온 사람은 우주여행을 다녀온 사람보다도 적다고 해요. 이 책에서 여러분은 바닷속에도 산이나 평원이 있으며, 햇빛이 들어오지 않는 깜깜한 바닷속에도 생물이 살고 있다는 사실을 알게 될 거예요. 또한 태평양 깊숙이 들어가 거대한 대왕오징어도 만나고, 밀물과 썰물, 쓰나미가 왜 일어나는지도 알아보고, 바다 생물과 바다 자원의 소중함도 깨닫게 될 거예요.

　책상에 앉아 꼬박꼬박 조는 친구들, 뭔가 새로운 걸 하고 싶어 몸이 근질근질한 친구들, 온 세상이 궁금한 호기심쟁이 친구들은 모두 모이세요! 지금부터 잠수정 '돌핀5000'을 타고 이 책의 주인공 김산호, 나소라와 함께 태평양 심해저 탐사를 떠나요! 아 참, 바다의 악당 세모 선장도 만날 거예요. 짜릿하겠죠?

김순한

작가의 말 … 4
등장인물 … 8

제1장 심해저 탐사 캠프의 주인공 … 10
　완성! 산호와 소라의 미션 노트 … 18
　강 바다 생생 토크 … 22

제2장 보트를 타고 강 탐험을 떠나다 … 24
　완성! 산호와 소라의 미션 노트 … 32
　강 바다 생생 토크 … 36

제3장 쓰나미 … 38
　완성! 산호와 소라의 미션 노트 … 48
　강 바다 생생 토크 … 52

제4장 장보고호를 타고 드넓은 바다로 … 54
　완성! 산호와 소라의 미션 노트 … 64
　강 바다 생생 토크 … 68

제5장 보물선일까, 바다 괴물일까? … **70**

완성! 산호와 소라의 미션 노트 … 82
강 바다 생생 토크 … 86

제6장 5000m 바닷속 신비의 세계 … **88**

완성! 산호와 소라의 미션 노트 … 98
강 바다 생생 토크 … 102

제7장 뜨거운 물이 샘솟는 열수 분출공 … **104**

완성! 산호와 소라의 미션 노트 … 114
강 바다 생생 토크 … 118

제8장 바다의 괴물, 대왕오징어를 만나다 … **120**

완성! 산호와 소라의 미션 노트 … 130
강 바다 생생 토크 … 134

제9장 산호초 속 비밀 동물원 … **136**

완성! 산호와 소라의 미션 노트 … 146
강 바다 생생 토크 … 150

제10장 새로운 바다 탐험 … **152**

완성! 산호와 소라의 미션 노트 … 158
강 바다 생생 토크 … 162

김산호

태평양 심해저 탐사 캠프의 어린이 대원으로, 모험심이 강하지만 좌충우돌의 성격을 가진 11살 남자아이. 소라의 단짝이다. 운동을 좋아하며, 특히 수영 실력은 물개 수준이다. 덜렁대고 엉뚱한 행동으로 소라에게 종종 구박을 받기도 한다. 밝고 긍정적인 성격과 적극적인 자세로 소라와 함께 즐겁게 탐사에 임한다.

나소라

태평양 심해저 탐사 캠프의 어린이 대원으로, 외유내강형의 성격을 가진 11살 여자아이. 산호의 단짝이다. 바다에 관한 책이라면 안 읽은 게 없을 정도로 바다에 관심이 많다. 꼼꼼한 성격으로 늘 기록하고 메모하는 습관은 따를 자가 없다. 탐사 중에도 관찰하고 배운 것을 틈틈이 기록하여 미션 노트를 착실히 채워 나간다.

샤크 박사

최첨단 심해 잠수정 돌핀5000의 선장. 뛰어난 해양학자이자 스쿠버 다이빙 전문가이기도 하다. '샤크'는 날카로운 눈매 때문에 붙여진 별명이지만, 마음은 누구보다 따뜻하다. 태평양 심해저 탐사 캠프를 이끌면서 틈틈이 아이들에게 탐사 과제를 내 주며, 탐사 기간 내내 아이들을 자상하게 보살피며 격려해 준다.

크랩

샤크 박사가 발명한 말하는 로봇 게로, 박사와 함께 연구소에서 실험 과제를 수행하고 있다. 강과 바다에 관한 것이라면 모르는 게 없는 똑똑한 로봇이다. 산호, 소라와 함께 다니면서 과제 수행을 도와주며, 아이들과 금세 다정한 친구가 된다. 탐사 기간 동안 틈틈이 아이들에게 실력 테스트 문제를 내 준다.

세모 선장

해파리 모양의 잠수정을 타고 태평양 바닷속을 누비는 바다의 무법자. 얼굴이 역삼각형 모양이라 세모 선장이라 불린다. 일확천금을 노리고 심해저 자원을 마구잡이로 채굴하거나, 희귀 바다 동물을 사냥하여 팔아넘기는 등 온갖 범죄를 저지르고 다닌다.

제1장
심해저 탐사 캠프의 주인공

태평양 심해저 탐사 캠프 어린이 대원 모집!

한국강바다연구소에서는 잠수정 '돌핀5000'을 타고
바닷속 5000m, 태평양 심해저를 탐사할 어린이를 뽑습니다.
몸과 마음이 튼튼한 대한민국 어린이라면 누구든지 응모할 수 있습니다.

응모 기간 2020. 7. 1~7. 10
응모 방법 한국강바다연구소 홈페이지에서 신청서 다운로드 후 접수
선발 일정 2020. 7. 11~7. 15
　　　　　-제1차 체력 및 담력 테스트
　　　　　-제2차 필기시험
　　　　　-제3차 한국강바다연구소 샤크 박사 인터뷰
　　　　최종 선발된 어린이에게는 태평양 심해저 탐사 기회가 제공되며,
　　　　샤크 박사님과 함께 해저 지형 측정, 광물 자원 채집,
　　　　심해 생물 관찰과 촬영 등의 과제를 수행하게 됩니다.
주관 한국강바다연구소
후원 시공퍼스트출판사, ABB방송국

"소라야, 빨리 와서 이것 좀 봐!"

모니터를 바라보며 마우스를 클릭하던 산호가 갑자기 환성을 질렀다.

"뭔데 호들갑이야?"

"태평양 심해저 탐사에 참가할 어린이를 뽑는대!"

"정말?"

"샤크 박사님은 세계적인 해양학자셔. 그분과 함께 바닷속을 탐사한다니 상상만 해도 멋져! 빨리 응모하자."

"근데 웬 시험이 3차까지 있어?"

"걱정 마! 우리가 누구냐? 난 별명이 '물개'고, 소라 너는 바다에 관한 책이라면 안 읽은 게 없잖아."

"좋아! 일단 부딪쳐 보자고."

한국강바다연구소에서 1차 시험을 치르는 날, 산호와 소라는 전국 방방곡곡에서 모여든 어린이들을 보고 입을 다물 수가 없었다.

"다들 똑똑해 보여! 저기 파란 티셔츠 입은 아이, 눈빛이 예사롭지 않아. 강한 기운이 느껴지네."

"저기 빨간 배낭 멘 아이 근육 좀 봐. 몸짱이다!"

산호와 소라는 또래 친구들을 보자 갑자기 목소리가 기어들어 갔다.

바로 체력 및 담력 테스트가 시작되었다. 오래달리기와 수영, 모래주머니 매달고 자전거 타기, 바이킹보다 더 흔들리는 놀이 기구 타기, 꼬불꼬불 미로의 방을 빠져나온 다음 미로의 방 지도 그리기, 인터넷에서 정보 검색해서 보고서 만들기, 자연 사랑 테스트 등등.

그 가운데 가장 힘든 테스트는 5시간 동안 물 마시지 않기와 좁은 공

간에서 오래 견디기였다. 가로세로 1m밖에 안 되는 좁은 상자 안에서 혼자 있을 땐 산호와 소라도 눈물이 날 지경이었다.

"산호야, 상자 속에서 견딜 만했어?"

"답답해서 죽는 줄 알았어. 상어랑 고래랑 놀 생각하면서 꾹 참았지."

"아, 근데 파란 티셔츠 입은 아이 있잖아. 흔들리는 놀이 기구 타다가 토할 것 같다며 집으로 갔어."

"그래? 빨간 배낭 멘 몸짱은 미로의 방에서 빠져나오지 못하고 같은 자리만 맴돌고 있던데……"

1차 테스트에서 응모자 2만 명 가운데 절반이 탈락했다. 1차 테스트를 가볍게 통과한 산호와 소라는 필기시험 날을 맞았다. 시험 문제는 모두 200개였다. 그중에는 다음과 같은 문제들도 있었다.

> **알쏭달쏭 강 바다 실력 테스트**
>
> 1. 지구 표면의 약 10%는 바닷물로 덮여 있다. **(참, 거짓)**
>
> 2. 바다 가운데 특히 넓은 해역의 큰 바다를 '대양'이라고 하는데, 지구에는 오대양(태평양, 대서양, 인도양, 북극해와 남극해)이 있다. **(참, 거짓)**
>
> 3. 지구의 물은 돌고 돈다. **(참, 거짓)**
>
> 4. 강물은 구불구불 아래에서 위로 흐른다. **(참, 거짓)**

"휴, 2차 테스트가 모두 끝났어."

2차 테스트를 통과하여 최종 후보로 선발된 어린이들은 마지막으로 한국강바다연구소의 샤크 박사와 인터뷰를 하게 된다.

드디어 최종 후보를 발표하는 날! 컴퓨터 앞에서 우물쭈물하고 있는 산호를 보고 소라가 답답하다는 듯 말했다.

"어머나! 너 왜 그렇게 떨고 있어? 저리 비켜 봐."

소라가 모니터 앞에 있는 산호를 밀쳐 내더니 한국강바다연구소 홈페이지를 클릭했다. 그러자 수험 번호를 입력하는 화면이 나왔다.

"산호야, 네 수험 번호가 뭐지? 네가 쳐 봐!"

산호가 조심조심 번호를 입력하자 화면에 큼지막한 파란 글씨가 나타났다.

'최종 후보 합격을 축하합니다!'

"와! 너 붙었다. 축하해!"

소라도 자기 번호를 재빨리 입력했다. 이번엔 빨간 글씨가 나타났다.

'그동안 수고하셨습니다. 다음 기회에 만납시다.'

"이럴 수가! 내가 정말 떨어진 거야?"

소라의 두 눈에 금세 눈물이 고였다.

"소라야, 네 수험 번호 제대로 입력한 거 맞아?"

"그런 것 같은데……."

소라가 손가락에 힘을 주고 수험 번호를 하나씩 다시 입력하자 화면에 큼지막한 파란 글씨가 나타났다.

'최종 후보 합격을 축하합니다!'

"야호, 붙었다, 붙었어! 우리는 이제 한 배를 타게 된 운명이야!"

산호와 소라는 기뻐하며 교실이 무너질 듯 펄쩍펄쩍 뛰었다.

산호와 소라는 엄청난 경쟁률을 뚫고 태평양 심해저 탐사 캠프의 최종 후보가 된 것이다. 하지만 샤크 박사와의 인터뷰에서 합격해야 탐사대의 정식 대원이 될 수 있었다.

며칠 뒤 산호와 소라는 샤크 박사의 연구실에서 인터뷰를 하게 됐다.

"박사님, 안녕하세요! 김산호예요."

"안녕하세요! 나소라예요."

"어서 와라. 어려운 테스트를 통과하느라 고생 많았지?"

샤크 박사는 아이들을 반갑게 맞아 주었다.

"띠리리릭!"

그때 책상 밑에서 이상한 소리가 들리더니 게 모양 로봇이 나타났다. 파란 눈알에서는 반짝반짝 빛이 났다.

"띠리리릭! 내 이름은 크랩, 크랩."

"어? 로봇이 말을 해요."

"허허허, 크랩은 내가 발명한 로봇 게야. 연구소에서 실험 과제를 함께 수행하고 있단다."

산호가 크랩의 집게발과 악수하며 말했다.

"너는 뭘 할 수 있어?"

"띠리리릭! 난 모르는 게 없음. 바닷물이 왜 파란지, 쓰나미가 왜 일어나는지, 문어가 얼마나 똑똑한지 다 알고 있음."

"만나서 반가워! 난 김산호야. 그리고 이쪽은 나소라."

크랩과 인사를 나눈 산호와 소라는 샤크 박사를 쳐다보며 물었다.

"인터뷰는 어떻게 하나요?"

"자, 여기 미션 노트가 있다."

"미션 노트라고요?"

산호와 소라는 샤크 박사가 건네준 미션 노트를 펼쳐 보았다.

> **과제 1** 지구상에 고체, 액체, 기체 상태가 모두 존재하는 물질은?
> **과제 2** 물의 순환을 그림으로 나타내기
> **과제 3** 강은 어떻게 생겨났을까?

미션 노트를 훑어보던 소라는 고개를 갸우뚱하며 샤크 박사에게 물었다.

"물이나 강에 대해서도 꿰뚫고 있어야 하나요?"

"물론이지. 강과 바다는 떼려야 뗄 수 없는 관계야. 지구는 '물의 행성'이니 바다를 알기 전에 물에 대해서 알아야 하지. 잘 할 수 있겠지?"

"물론이죠! 지금부터 미션 노트를 쓸 거예요!"

산호와 소라는 마주 보며 대단한 결심을 한 듯 고개를 끄덕였다.

실력 테스트 정답 1. 거짓(지구 표면의 71%가 바닷물로 덮여 있음) 2. 참 3. 참
4. 거짓(강물은 위에서 아래로 흐름)

과제 1 지구상에 고체, 액체, 기체 상태가 모두 존재하는 물질은?

우리 주변에 있는 물질은 나무처럼 딱딱한 고체나 주스처럼 흐르는 액체, 또는 공기처럼 떠다니는 기체 가운데 어느 하나, 혹은 두 가지 상태로 존재한다. 그러나 물은 세 가지 상태가 모두 나타난다.

물은 상온에서 액체 상태이다. 액체는 담는 그릇에 따라 모양이 달라진다. 물은 냄비에 담으면 냄비 모양이 되고, 컵에 담으면 컵 모양이 되므로 액체이다. 그러나 이렇게 모양이 바뀌어도 양이 줄거나 늘어나지는 않는다.

주전자에 물을 넣고 끓여 보자. 물은 100℃에서 끓어 기체인 수증기로 바뀐다. 수증기는 우리 눈에 보이지 않지만 공기 중에 떠다니고 있다. 수증기가 차가운 물체에 닿으면 다시 물로 바뀐다. 이러한 현상은 뜨거운 목욕탕 안의 거울이나 냉장고에서 막 꺼낸 차가운 음료수 병 등에서 쉽게 볼 수 있다.

그러나 수증기는 물을 꼭 끓여야만 발생하는 것은 아니다. 젖은 빨래가 마르고, 컵에 떠 놓은 물이 시간이 지나면 줄어드는 것 역시 물이 수증기로 변하여 공기 중으로 날아가는 것이다. 이러한 현상은 100℃가 되지 않아도 상온에서 늘 일어난다. 이것을 '증발'이라고 한다.

    온도가 0℃ 아래로 내려가면 물은 얼어서 고체인 얼음이 된다. 하지만 얼음을 따뜻한 곳에 놓으면 녹아서 다시 액체 상태인 물이 된다. 이처럼 물은 수증기에서 물로, 다시 얼음으로 모습을 바꾼다. 즉 온도에 따라 기체, 액체, 고체 세 가지 상태로 바뀌는 것이다.

이건 꼭 알아 두자!
지구상에서 세 가지 상태가 모두 존재할 수 있는 물질, 즉 고체도 되고, 액체도 되고, 기체도 되는 물질은 물뿐이다.

 **과제 2** 물의 순환을 그림으로 나타내기

❶ 강물과 바닷물은 태양열을 받아 증발하여 수증기로 바뀐다. 또한 젖은 빨래나 젖은 머리카락, 그리고 식물이나 우리 몸, 개와 고양이의 몸에서도 물이 증발한다.

❷ 수증기는 공기 중에서 떠다니다가 하늘 높이 올라가면서 차가워지면 아주 작은 물방울로 바뀐다. 수없이 많은 물방울이 모여 구름이 된다.

❸ 구름 속 물방울들이 서로 달라붙어 무거워지면 비나 눈이 되어 아래로 떨어진다.

❹ 떨어진 물은 땅속으로 스며들거나 강을 이루어 흐른다.

❺ 강물은 흘러 흘러 마침내 바다로 돌아간다.

여기서 물의 여행이 끝나는 것이 아니다. 바닷물이 증발하면서 처음부터 다시 시작되니까!

이 모든 과정을 '물의 순환'이라고 한다.

이건 꼭 알아 두자!
지구의 물은 바다로, 땅으로, 하늘로 계속해서 돌고 돈다.
물은 고체, 액체, 기체 상태로 존재하기 때문에 끊임없이 순환하며
날씨에 영향을 미치고, 땅 모양을 바꾸고, 생명을 키워 낸다.

과제 3   강은 어떻게 생겨났을까?

빗물과 눈 녹은 물은 땅에 스며들거나 작은 물줄기가 되어 산꼭대기의 골짜기를 타고 아래로 흘러 내려간다. 이런 물줄기들이 서로 만나 시냇물을 이루고, 시냇물이 큰 물줄기를 이루어 강이 된다.

이건 꼭 알아 두자!
강은 산꼭대기에서 모인 빗물과 눈 녹은 물이 흘러내리거나 땅속의 샘물이 솟아올라 시작된다.

지구는 물의 행성

박사님, 지구엔 물이 얼마나 있어요?

우주에서 지구를 바라보면 푸른색으로 빛나는데, 그건 바로 바닷물 때문이야. 실제로 지구 표면의 71%가 푸른 바닷물로 덮여 있거든. 지구 전체의 물이 100병이라면 이 가운데 약 97병이 바닷물이야. 2병은 남극과 북극의 빙하이고, 나머지 1병은 강과 호수, 지하수, 수증기 따위로 존재하고 있어.

지구는 '물의 행성'이라고 불릴 만큼 물이 많지만, 바닷물은 짜서 일상생활에서 이용하기가 어려워. 우리가 쓸 수 있는 물은 지구의 물 100병 가운데 1병이 채 되지 않는단다.

최초의 생명체가 탄생한 곳은 바다

바다에서 생명체가 태어났다면서요?

그래, 맞아. 지금부터 약 38억 년 전 바다에서 처음으로 생명체가 나타났어. 신비스런 이 생명체를 세균 또는 박테리아라고 불러. 원시 박테리아에서 식물의 조상이라고 할 수 있는 남조류(남세균)가 생겼지. 남조류는 산소를 만드는 일을 했고, 산소가 생기자 더 많은 생물이 생겨났어. 지금 바

다에는 아주 작은 생물인 플랑크톤에서부터 몸길이가 30m에 이르는 흰긴수염고래까지 수많은 동물과 식물이 어울려 살고 있단다.

🧒 바다는 생명체의 보물 창고 같아요.

👨 하하, 보물 창고라니, 재미있구나.

강가에서 시작된 인류 문명

🧒 바다에서 생명이 시작되었다면 강에서는 무엇이 시작되었나요?

👨 음, 질문이 날카로운데? 강은 사람들에게 마실 물과 식량 이상의 것을 준단다. 그래서 사람들은 몇천 년 전부터 강가에서 살았어. 세계 4대 문명인 고대 이집트 문명, 메소포타미아 문명, 인더스 문명, 황허 문명은 모두 바다로 흘러가는 큰 강 유역에서 생겨났단다. 이 지역들은 큰 강 덕분에 땅이 기름져서 농사가 잘되고, 강을 중심으로 상업 활동도 활발하게 일어나 점점 많은 사람들이 모여 살았지. 그리하여 도시가 생기고, 사람들은 문자를 사용하기 시작했단다. 생명뿐만 아니라 인류의 문명도 강과 바다에서 비롯되었지!

👧 우아, 강은 정말 중요한 곳이네요.

제 2 장
보트를 타고 강 탐험을 떠나다

"음, 제법인걸. 수고들 했구나!"

샤크 박사는 산호와 소라가 제출한 미션 노트를 꼼꼼히 살피며 미소를 지었다. 산호는 궁금해서 못 견디겠다는 표정으로 물었다.

"박사님, 저희가 정식 대원이 된 건가요?"

"아직 해야 할 과제가 남았단다."

"과제가 더 남았다고요?"

샤크 박사는 대답 대신 산호와 소라의 어깨를 가볍게 두드리고 일어나 밖으로 나갔다.

"으아, 심해저 탐사대가 되는 길은 정말 멀구나!"

산호가 뾰로통하게 말했다. 그때였다.

"띠리리릭!"

로봇 게 크랩이 파란 눈알을 반짝이며 다가왔다.

"띠리리릭! 이번엔 강 탐험을 해야 함. 강의 시작부터 끝까지 물길을 따라감. 내일 하나산 꼭대기에서 만나야 함."

크랩이 박사님 책상에 있는 미션 노트를 가져왔다.

"하나산 꼭대기? 거긴 험하기로 이름난 곳이잖아!"

산호가 얼른 미션 노트를 받아서 펼쳐 보았다.

과제 1 강 상류, 중류, 하류의 특징과 모양 알아 오기

과제 2 강물이 하는 일은?

과제 3 강 주변의 모습 관찰하기

다음 날, 산호와 소라는 날카로운 칼바위와 급경사 계곡으로 유명한 하나산을 헉헉거리며 올랐다.

정상에 도착하자 크랩이 기다리고 있었다.

"아이고, 너무 힘들어 눈알이 튀어나올 것 같아."

"띠리리릭! 오늘은 내가 안내자임!"

크랩이 기다란 눈자루로 둘레둘레 살피며 말했다.

"띠리리릭! 힘찬 물살 때문에 물속에서 돌이 구르는 소리 들림? 여기는 강이 시작되는 최상류 산골짜기임."

"쏴아아, 콸콸콸!"

산호가 다리를 주무르며 크랩에게 물었다.

"근데, 걸어서 강 탐험을 하는 거야? 다리가 너무 아파!"

"띠리리릭! 저기!"

크랩이 가리킨 곳을 보자 너럭바위 위에 고무보트와 노가 있었다.

"우아, 신난다!"

산호는 언제 다리가 아팠느냐는 듯 벌떡 일어섰다.

보트에 오르기 전에 산호와 소라는 구명조끼를 단단히 조이고 헬멧을 썼다.

"띠리리릭! 이 고무보트는 바위에도 찢어지지 않는 안전한 특수 보트

임. 출발!"

크랩의 신호에 산호와 소라는 천천히 노를 젓기 시작했다.

"하낫 둘, 하낫 둘! 박자 맞추고……."

오랜 세월 동안 강물의 침식 작용으로 만들어진 깊은 골짜기가 눈앞에 펼쳐졌다. 이때 부지런히 노를 젓던 소라가 다급하게 외쳤다.

"크랩! 저기 낭떠러지 같은데 어떻게 해?"

"띠리리릭! 미안! 되돌릴 수 없음. 산호, 소라! 보트 가장자리를 꽉 붙잡고 몸을 낮춰야 함!"

"악! 폭-포-다, 폭──포!"

"엄-마-야───!"

산호와 소라는 비명을 지르며 눈을 질끈 감았다. 고무보트가 공중으로 붕 뜨더니 빠른 속도로 떨어졌다.

"쐬아, 첨벙, 쿵!"

다행히 고무보트는 폭포 아래에 무사히 착륙했다.

"휴, 보트가 뒤집어지는 줄 알았네."

물에 흠뻑 젖은 소라가 헬멧을 고쳐 쓰며 말했다.

"소라야, 무서워도 재밌다. 한 번 더 할까?"

산호가 짓궂은 표정으로 이야기하자 소라가 눈을 흘겼다.

크랩이 말했다.

"띠리리릭! 폭포도 강물이 만듦. 단단한 바위와 무른 바위가 함께 있는 곳에서 오랜 시간 물이 흐르면, 단단한 바위만 남고 무른 바위는 침식돼서 사라져 버림. 이런 곳은 경사가 급해지면서 강물이 밑으로 떨어져 폭포가 생겨남."

"강물은 계곡도 만들고, 폭포도 만드네. 강물은 훌륭한 조각가야!"

고무보트는 어느새 산골짜기를 빠져나왔다. 빠른 물살이 점점 잔잔해지며 푸르른 들판이 펼쳐졌다.

"소라야, 노 똑바로 저어! 지그재그로 젓지 말고. 갑자기 멀미가 나려고 해."

산호가 얼굴을 찌푸리며 헛구역질을 했다.

"노를 잘못 저어서 그런 게 아니야. 강물이 구불구불 흐르고 있어."
소라의 말이 끝나자 크랩이 거들었다.
"띠리리릭! 강물의 속도가 느려지면 강물이 직선으로 흐르지 못함. 뱀이 장애물을 피해서 기어가는 것처럼 S 자 모양으로 흐르는데 이걸 곡류라고 부름, 곡류!"
고무보트는 곡류를 따라 한참 동안 내려갔다. 크랩은 덥고 지친 산호와 소라에게 기분 전환도 할 겸 실력 테스트를 해 보자고 했다.

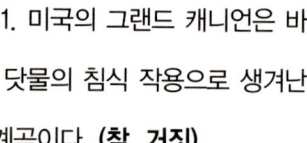

알쏭달쏭 강 바다 실력 테스트

1. 미국의 그랜드 캐니언은 바닷물의 침식 작용으로 생겨난 계곡이다. **(참, 거짓)**

2. 강원도 영월의 동강은 구불구불 흐르는 대표적인 곡류이다. **(참, 거짓)**

3. 남북한을 통틀어 가장 긴 강은 한강이다. **(참, 거짓)**

4. 바위와 큰 돌을 볼 수 있는 곳은 강 상류이다. **(참, 거짓)**

"소라야, 강폭이 점점 넓어지는 것 같아!"

"저기 건물들 좀 봐. 마을을 지나가고 있어."

강물은 더욱 느릿느릿 흘렀다. 고무보트는 기다란 모래밭을 지났다.

"쉿, 조용! 흰뺨검둥오리들이야."

흰뺨검둥오리들이 모래밭에서 한가롭게 햇볕을 쬐고 있었다.

"퍼드덕, 퍼드덕!"

갑자기 흰뺨검둥오리들이 일제히 날아올랐다. 잠시 뒤 고무보트 가까이에 무언가 떼 지어 몰려왔다.

크랩이 파란 눈알을 반짝이며 말했다.

"띠리리릭! 블루길 대장이 동료들을 몰고 나타남."

소라가 소리쳤다.

"블루길? 토종 민물고기를 위협하는 외래종 물고기 말이야?"

"블루길은 항상 떼 지어 다니는 싸움꾼임. 이빨이 강철 같아서 작은 물고기들을 꿀꺽 삼키고 닥치는 대로 물어뜯음."

크랩의 설명이 끝나자마자 고무보트 옆에서 물기둥이 솟구쳤다.

"까악!"

물방울 세례를 받은 산호가 몸을 움츠리며 소리를 질렀다.

청색 아가미덮개가 선명한 블루길 대장이었다. 블루길 대장은 날카로운 이빨을 드러내고는 다시 물속으로 잠수했다.

소라가 놀라서 눈이 왕사탕만 해졌다.

"크랩! 블루길 대장이 우릴 공격하려는 거야?"

그때 또 다른 물고기 한 마리가 공중으로 솟아올랐다. 은백색 비늘이 햇빛에 반사되어 반짝였다. 뾰족한 주둥이가 인상적이었다.
"띠리리릭! 강준치!"
크랩이 반갑게 집게발을 흔들어 댔다.
물고기 두 마리가 다시 물 위로 솟아올랐다. 눈 깜짝할 사이에 강준치가 블루길 대장의 머리를 힘껏 들이받았다.
"팍!"
블루길 대장이 기절한 듯 힘없이 곤두박질쳤다.
"와우! 강준치가 이겼다!"
산호와 소라가 손을 맞잡고 기뻐했다.
크랩이 파란 눈알을 반짝였다.
"띠리리릭! 강준치 대단함. 어디서 저런 힘이 나오는지 모르겠음. 외래종 블루길이 늘어나는 걸 막는 파수꾼 노릇을 하고 있음."
산호와 소라는 다시 노를 저어 강 하류에 다다랐다.

크랩이 신호를 보냈다.

"띠리리릭! 강이 바다와 만나는 하구에 도착함. 자, 이제 강 탐험을 마칠 시간임."

산호와 소라가 마주보고 활짝 웃으며 보트에서 내렸다.

"어서 가서 미션 노트를 완성해야지."

소라가 강 탐험을 하면서 빽빽이 적은 노트를 산호에게 보여 줬다.

"박자까지 맞추며 함께 노를 저었는데, 도대체 언제 적은 거야?"

"메모의 여왕은 아무나 하나? 틈나는 대로 재빠르게 썼지!"

"흥, 똑똑한 김산호는 머릿속에 모두 저장해 놨다고!"

"뭐야? 그럼 이번엔 네가 미션 노트를 작성하면 되겠네! 정식 대원으로 뽑히느냐 마느냐가 걸린 아주 중요한 거니까 잘 부탁해!"

소라가 때를 놓칠세라 산호에게 미션 노트를 들이밀었다. 산호는 할 수 없다는 듯 웃으며 말했다.

"잘난 체하다가 한 방 먹었네. 알았어, 알았다고."

실력 테스트 정답 1. 거짓(그랜드 캐니언은 콜로라도 강물의 침식 작용으로 생긴 협곡)
2. 참 **3.** 거짓(남북한을 통틀어 가장 긴 강은 압록강) **4.** 참

과제 1   강 상류, 중류, 하류의 특징과 모양 알아 오기

높은 산에서 시작하는 강의 상류는 경사가 급하여 물살이 빠르고, 바위와 큰 돌이 많다. 빠른 물살은 강바닥과 강기슭을 깎아 'V자곡'이나 '폭포'를 만든다. 평지와 만나 갑자기 물살이 약해지는 곳에는 운반된 자갈과 모래가 부채 모양으로 쌓이며 '선상지'를 만들기도 한다. 선상지는 산림이나 밭으로 이용된다.

강의 중류는 강폭이 넓고 물살이 느려지면서 구불구불한 '곡류'를 만든다. 강가에는 모래와 자갈이 많다. 곡류의 바깥쪽은 물살이 빨라 땅이 깎이고, 안쪽은 물살이 느려서 흙이 점점 쌓인다. 이런 침식과 퇴적 작용이 계속 일어나면 강물은 더욱 휘어져서 강물의 일부가 막혀 '우각호'라는 소뿔 모양의 호수가 생겨난다. 또한 강 중류나 하류에서는 홍수가 날 때마다 물이 넘쳐서 '범람원'이 생기는데, 강물이 실어 온 풍부한 유기물로 기름진 평야를 이루게 된다.

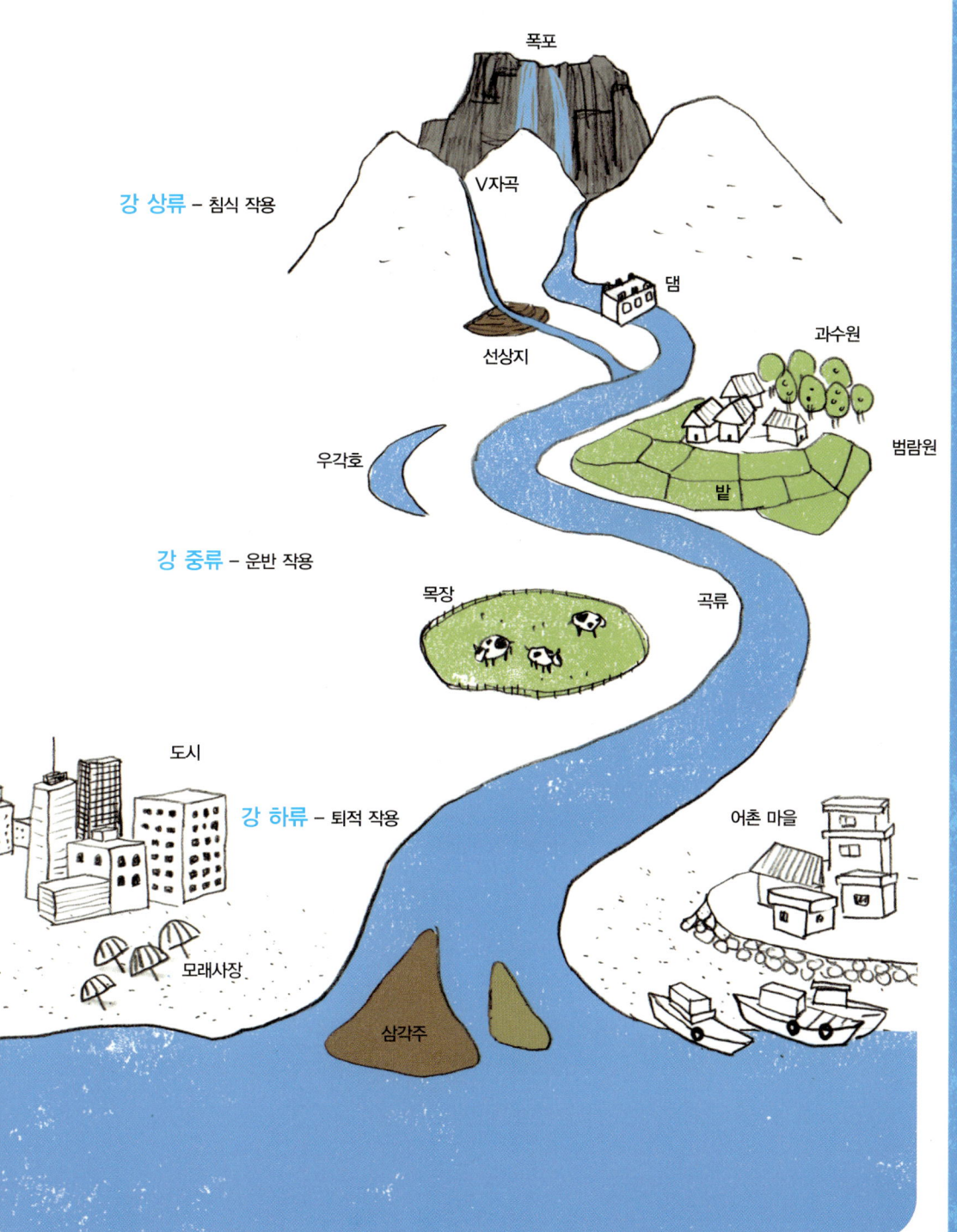

강의 하류는 강폭이 더욱 넓어지고 경사가 거의 없으며 모래가 많다. 물의 흐름이 아주 느려지고, 마침내 바다와 만난다. 강 하구에는 강물이 싣고 온 흙과 모래가 차곡차곡 쌓여 삼각형 모양의 평야 지형을 만드는데, 이걸 '삼각주(delta)'라고 한다. 삼각주는 땅이 기름지고 물기가 많아서 농사가 잘된다. 낙동강 하구의 김해평야는 대표적인 삼각주이다.

이건 꼭 알아 두자!
높은 산에서 시작된 강물은 아래로 흐르다가 마침내 바다와 만난다.

과제 2 강물이 하는 일은?

강물은 특별히 하는 일 없이 흐르는 것처럼 보일지도 모르지만, 실제로는 엄청난 일을 한다. 바로 오랜 세월 동안 주변의 자연 경관을 바꾸어 놓는 것이다.

상류에서는 바위와 모래를 깎아 내고 강바닥과 강기슭을 파는 '침식 작용'이 활발하게 일어난다.

중류에서는 돌과 모래, 흙을 옮기는 '운반 작용'이 활발하다.

하류에 이르면 강물은 운반해 온 흙과 모래를 쌓아 놓는데, 이것을 '퇴적 작용'이라고 한다.

이건 꼭 알아 두자!
상류에서는 침식 작용, 중류에서는 운반 작용, 하류에서는 퇴적 작용이 일어난다.
폭포, V자곡, 선상지, 곡류, 우각호, 범람원, 삼각주 등은 모두 강물이 만든 지형이다.
지구 표면을 변화시키는 강물은 정말 놀랍다!

과제 3 강 주변의 모습 관찰하기

　강 주변에서는 상류, 중류, 하류에 따라 다르게 나타나는 지형의 특성을 이용하는 모습을 볼 수 있다.

　강의 상류에는 댐이 많으며, 산골 마을과 밭을 볼 수 있다.

　강의 중류에는 농촌 마을과 작은 도시가 있고, 과수원과 목장, 논밭이 있다.

　강의 하류에서는 큰 도시와 어촌을 볼 수 있고, 넓은 평야와 모래사장, 하구둑 등도 볼 수 있다.

이건 꼭 알아 두자!

강이 시작되는 지역인 상류, 강이 발달한 지역인 중류, 강이 바다와 만나는 지역인 하류에서는 각각 다른 모습을 관찰할 수 있다.

나이아가라 폭포가 점점 사라지고 있다고?

🧑 나이아가라 폭포가 조금씩 상류로 물러나고 있다는데 정말인가요?

👨‍🔬 사실이란다. 오랜 세월 동안 폭포수에 의해 바위가 침식되면서 폭포가 조금씩 뒤로 물러나고 있지. 나이아가라 폭포는 해마다 상류쪽으로 0.7~1m씩 후퇴하고 있어. 이렇게 침식이 계속된다면 약 2만 5000년 뒤에는 폭포의 수원지인 이리호까지 물러날 거야. 그때가 되면 지금처럼 멋진 장관을 볼 수 없을지도 모르겠구나.

빙하가 만든 U자곡

🧑 빙하도 강물처럼 지표면을 바꾸나요?

👨‍🔬 물론이야. 빙하도 흐르면서 침식·운반·퇴적 작용을 하지. 거대한 빙하가 흘러내리면서 만든 계곡을 'U자곡'이라고 불러. 빙하의 침식으로 지표가 U자 모양으로 파이게 된 거지. 알프스산맥이나 로키산맥 등 산악 지대에서 이러한 지형을 볼 수 있단다.

우리나라에서 가장 큰 강, 가장 긴 강

🧑 박사님, 우리나라의 대표적인 강과 그 특징에 대해 알고 싶어요.

👨‍🔬 산호가 점점 궁금한 게 많아지는구나. 우리나라 대부분의 강은 유역 면적이 작

고 물길이 짧은 편이야. 또한 산지가 많기 때문에 하천의 경사도 가파른 곳이 많지. 강은 대부분 태백산맥을 기준으로 해서 동해와 황해, 남해로 흘러간단다.

북한을 빼고, 남한에서 가장 긴 강은 낙동강이야. 하지만 강이 차지하는 유역 면적과 흘러가는 강물의 양으로 따지자면 한강이 가장 규모가 크단다. 자, 그럼 지도를 보면서 주요 강을 알아볼까?

🧑 지도에 표시된 게 '우리나라 10대 하천'인가 봐요. 이렇게 강과 하천이 많은데 왜 물 부족 문제가 생기죠?

👨 우리나라의 연평균 강수량은 세계 평균보다 높지만, 인구 밀도가 높아서 1인당 강수량은 세계 평균의 1/6 정도란다. 게다가 여름엔 홍수가 나고, 겨울엔 가뭄을 겪는 등 계절별로 강수량 차이가 크지. 하천의 길이도 짧고 국토의 2/3가 경사가 급한 산지로 이루어져서 큰 비가 내려도 땅에 오래 머물지 못하고 바다로 흘러가 버려. 그러니 이제부터라도 물을 아껴 써야겠지?

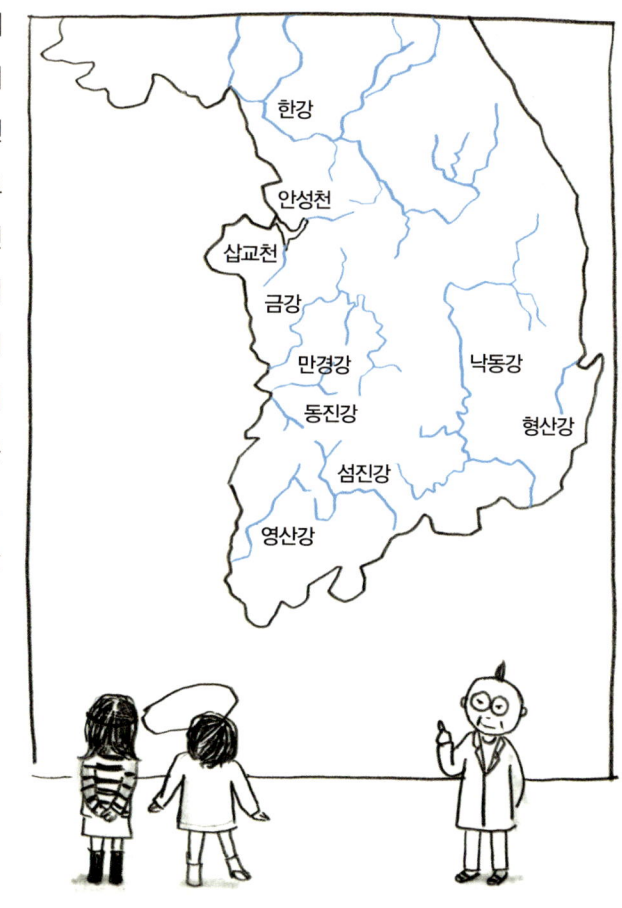

제3장
쓰나미

미션 노트를 꼼꼼히 살펴보던 샤크 박사가 드디어 입을 열었다.
"산호와 소라를 태평양 심해저 탐사대 대원으로 임명한다."
"우아! 신난다!"
"감사합니다, 박사님!"
산호와 소라는 두 손을 번쩍 들고 환호성을 질렀다.
"띠리리릭, 정말 축하!"
크랩도 집게발을 흔들며 기뻐했다.

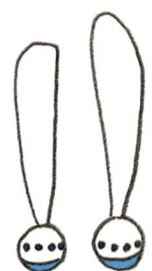

샤크 박사는 잠수정 모양의 목걸이를 산호와 소라 목에 걸어 주었다.
"잠수정을 타기 전에 바다와 좀 친해져야겠지? 오늘은 바닷가에 가서 텐트를 치고 야영하자."
"좋아요! 게랑 조개도 잡아요!"
몇 시간 뒤, 모두 준비물을 챙겨 바닷가에 도착했다. 소라가 숨을 크게 들이마시며 말했다.
"바다 냄새가 참 좋아요."
"그래, 나도 이 냄새를 좋아한단다. 바다는 나의 고향이니까."
"박사님, 어촌에서 태어나셨어요?"

"하하하, 나뿐만 아니라 너희들도 모두 바다가 고향이란다. 지구 최초의 생명체는 바다에서 태어났고, 우리는 그 생명체의 후손이니까."

"아, 그렇군요. 우리 조상이 바다에서 태어났다는 게 정말 신기해요! 그래서 제가 물을 좋아하나 봐요!"

"우리 몸에서 지구 역사의 과거와 현재를 느낄 수 있다니 신비롭지?"

샤크 박사는 말을 끝내고 바닷가에서 조금 떨어진 소나무 숲을 손가락으로 가리켰다.

"저쪽에 텐트부터 치자!"

산호와 소라는 샤크 박사가 텐트 치는 것을 거들었다. 텐트가 완성되자 샤크 박사가 텐트 안으로 들어가며 말했다.

"연구소에서 보낸 메일을 확인해야 하니 너희들끼리 놀고 있으렴."

그러고는 소라의 손에 뭔가를 꼭 쥐여 주었다. 소라가 눈을 동그랗게 떴다. 미션 노트였다.

'정식 대원이 되었는데도 계속 과제를 주시네!'

고개를 갸우뚱하는 소라에게 크랩이 말했다.

"띠리리릭! 박사님의 미션은 심해저 탐사가 끝나는 날까지 계속됨."

산호가 재빨리 미션 노트를 낚아챘다.

과제 1 바닷가 지형 둘러보기

과제 2 밀물과 썰물은 왜 생길까?

과제 3 바닷물도 강물처럼 흐르고 있을까?

산호와 소라가 미션 노트를 보며 고민하고 있을 때, 샤크 박사가 허둥지둥 텐트 밖으로 나왔다.

"박사님! 메일 확인하신다더니 어디 가세요?"

"깜박 잊고 노트북을 안 가져왔구나."

"네?"

"연구소에 얼른 다녀올게."

산호와 소라는 웃음을 참으며 키득거렸다.

샤크 박사가 차를 타고 떠난 다음 크랩이 말했다.

"띠리리릭! 박사님은 생각할 게 너무 많아 머릿속이 꽉 차 있음. 소소한 일들은 깜박하실 때가 많음."

크랩이 말을 끝내기도 전에 산호와 소라는 바닷가로 달려갔다.

"드넓은 바다와 시원한 파도가 우리를 부른다!"

크랩도 아이들을 쫓아갔다. 그곳은 썰물 때는 바닷물이 빠져 땅이 드러나고 밀물 때는 바닷물에 잠기는 조간대였다. 물이 빠진 바닷가에는 물웅덩이가 여기저기 모습을 드러냈다. 게 구멍에 숨어 있던 수많은 게들도 눈자루를 내밀고 나타났다.

"악! 바퀴벌레다!"

까맣고 발이 많이 달린 벌레 같은 것이 바위 위로 쏜살같이 기어가는 걸 보고 산호가 움찔했다.

"이렇게 무식하다니! 바닷가에 무슨 바퀴벌레가 있다고 난리야? 애들은 갯강구야, 갯강구!"

소라가 바위 쪽으로 걸어가면서 비웃듯 말하자, 크랩도 갯강구를 관찰하며 거들었다.

"띠리리릭! 소라 말이 맞음. 갯강구는 곤충처럼 보이지만 다리가 7쌍인 갑각류임."

산호가 머쓱해진 얼굴로 중얼거렸다.

"곤충이든 갑각류든 난 무서워. 꼭 내 발을 물 것 같단 말이야."

"김산호, 이제 보니 너 겁쟁이구나!"

소라의 말에 산호는 딴청을 피우며 두리번거리다가 뭔가를 발견했다.

"어? 저것 봐. 말미잘이 촉수를 내밀고 있어. 불가사리도 있다!"

산호는 언제 갯강구에 놀랐냐는듯이 물웅덩이를 들여다보며 흥분해서 마구 떠들어 댔다.

"산호야, 모래밭에서 두꺼비 집 만들자."

모래사장으로 자리를 옮긴 산호와 소라는 바닥에 철퍼덕 주저앉았다.

"소라 넌 두꺼비 집 만들어. 나는 모래성을 쌓아야지."

"그래, 난 튼튼한 두꺼비 집을 만들 거야. 두껍아, 두껍아, 헌 집 줄게, 새 집 다오."

소라는 모래 속에 한 손을 넣고 다른 손으로 모래를 두드리며 집을 만들었다.

크랩이 말했다.

"띠리리릭! 산호! 바다를 등지고 앉으면 위험함. 바닷가는 물이 들어오고 나가는 곳임. 어느 틈에 바닷물이 밀려 들어올지 모름!"

"아, 그렇구나."

산호는 돌아앉아 바다 쪽을 바라보고 계속 모래성을 쌓았다.

"띠리리릭! 모래놀이 하는 동안 실력 테스트를 하면 좋겠음."
"좋아, 좋아!"

> **알쏭달쏭 강 바다 실력 테스트**
>
> 1. 바닷가에서는 하루에 두 번 밀물과 썰물이 일어난다. **(참, 거짓)**
>
> 2. 바닷가는 세월이 아무리 흘러도 모습이 변하지 않는다. **(참, 거짓)**
>
> 3. 우리나라는 동해안에 갯벌이 크게 발달했다. **(참, 거짓)**
>
> 4. 바위에 붙어 사는 따개비는 밀물 때면 껍데기를 벌리고 다리를 내밀어 플랑크톤을 먹는다. **(참, 거짓)**

모래사장에서 노는 동안 시간이 훌쩍 지나갔다. 크랩이 말했다.

"띠리리릭! 곧 밀물이 들어올 시간임!"

모두들 자리를 털고 일어났다. 바닷가로 물이 밀려들면서 철썩철썩 파도가 쳤다. 그런데 이상하게도, 물이 다시 스르르 빠져나갔다.

"어? 크랩! 이상해. 밀물 시간이라고 했잖아. 근데 왜 바닷물이 빠져나가는 거야?"

소라가 걱정스런 목소리로 말했다. 크랩이 기다란 눈자루로 주위를 살피다가 파란 눈알을 반짝이는 순간, 산호가 파랗게 질린 얼굴로 소리를 질렀다.

"파도가 밀려와. 집채만 한 파도야!"

저 멀리서 파도가 바닷가를 덮칠 듯한 기세로 밀려들고 있었다. 파도는 순식간에 건물만큼 높아졌다. 게다가 파도가 몰아치는 속도도 더욱 빨라졌다.
 크랩이 외쳤다.
 "띠리리릭! 위험! 빨리 뛰어야 함!"
 산호와 소라는 있는 힘을 다해 달리기 시작했다.
 "띠리리릭!"
 크랩이 함께 달리며 소리쳤다.
 "저건 쓰나미, 쓰나미! 바닷속에서 지진이 일어난 것으로 보임. 여기 있으면 큰일남"
 크랩의 말을 들은 산호와 소라는 다리가 후들거려서 제대로 뛸 수가 없었다.
 "크랩, 어떻게 해?"
 크랩이 집게발을 휘두르며 말했다.
 "띠리리릭! 저기 통나무집으로 피신, 피신!"
 산호와 소라는 아무도 없는 통나무집으로 뛰어 들어가서 몸을 낮추고 기둥을 부둥켜안았다.
 눈자루를 쭉 빼고 창문 밖을 내다보던 크랩이 외쳤다.
 "곧 덮침! 꽉 붙잡고 절대 놓쳐서는 안 됨!"
 "쏴아아!"
 "산호야! 무서워!"
 "소라야! 꽉 잡아!"
 소라와 산호는 두 눈을 질끈 감았다.
 "쏴아아아아아."

"쿠쿠쿵!"
파도가 통나무집을 강하게 뒤흔드는 것 같았다.
얼마나 시간이 흘렀을까? 소라가 주위를 두리번거리며 말했다.
"어? 통나무집이 왜 소나무 숲 한가운데에 있지?"
산호도 살며시 밖을 내다보며 말했다.
"우리 무사한 거 맞지?"
"띠리리릭!"
크랩이 문을 열고 밖으로 나갔다.
"박사님 오심!"
샤크 박사가 노트북을 들고 막 차에서 내리고 있었다.

꽉 잡아!

으악!

산호와 소라는 박사에게 달려가 흥분한 목소리로 떠들었다.

"박사님! 저희가 쓰나미에 휩쓸려 공간 이동했어요!"

"쓰나미가 통나무집을 통째로 들어 올렸다고요. 믿어지세요?"

샤크 박사가 고개를 끄덕였다.

"다친 데는 없지? 너희들 말을 믿고말고! 1946년에 하와이에서 일어난 쓰나미가 집을 들어올려서 몇백 미터 떨어진 곳으로 옮긴 일도 있었단다. 신기하게도 가구들까지 원래 있던 자리에 그대로 옮겼다더구나! 심해저 탐사 전에 큰 경험을 했구나."

산호가 여전히 들뜬 목소리로 말했다.

"잠시 꿈을 꾼 것 같아요."

소라도 바다 쪽을 바라보며 말했다.

"정말 믿어지지 않아요!"

실력 테스트 정답 1. 참 2. 거짓(바닷가는 오랜 시간에 걸쳐 조금씩 달라짐)
3. 거짓(서해안에 갯벌이 발달함) 4. 참

과제 1 바닷가 지형 둘러보기

바닷가는 땅과 바다가 맞닿은 곳으로, 바람과 파도가 땅과 바위를 깎기도 하고, 물에 실려 온 모래와 흙이 바닷가에 쌓이기도 한다. 이런 현상이 오랜 시간 계속되면서 바닷가의 모습을 바꾼다.

파도가 치면서 해안 절벽에 있는 갈라진 틈을 점점 깎아 내면 해식 동굴이 만들어진다. 제주도나 동해안에서 많이 볼 수 있는 해식 동굴은 파도의 침식이 계속되면 점점 넓어져서 구멍이 뚫리고 아치 모양이 되기도 한다.

침식이 더 계속되면 아치 지붕이 무너져서 한쪽 부분만 바위섬처럼 남기도 한다.

모래사장은 바닷물의 퇴적 작용으로 만들어진다. 모래사장 뒤에는 모래 언덕

해식 동굴

인 해안 사구가 발달하는데, 모래사장의 모래가 바람에 날려 생겨난 것이다. 해안 사구는 거센 파도나 폭풍을 막아 주기도 한다.

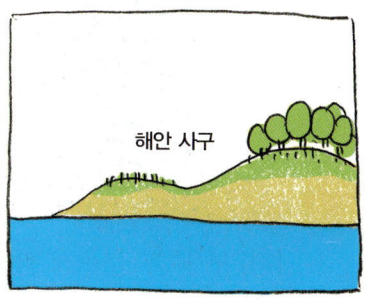
해안 사구

바닷가를 둘러보면, 바위와 절벽이 많은 곳도 있고 모래사장이 발달해서 해수욕장으로 이용되는 곳도 있다. 또한 넓고 평평하며 질퍽질퍽한 갯벌이 발달한 곳도 있다.

이건 꼭 알아 두자!
강물뿐 아니라 바닷물도 침식·운반·퇴적 작용을 계속하며 지형을 바꾼다.

과제 2 밀물과 썰물은 왜 생길까?

바닷물은 하루에 두 번 육지 쪽으로 밀려왔다가(밀물), 다시 빠져나간다(썰물). 밀물과 썰물이 일어나는 까닭은 달과 태양이 바닷물을 끌어당기기 때문이다.

태양은 달보다 훨씬 크지만 지구에서 멀리 떨어져 있기 때문에 밀물과 썰물에 미치는 힘이 달의 절반밖에 되지 않는다. 따라서 밀물과 썰물은 달의 영향을 가장 크게 받는다.

지구에서 달과 가까운 쪽의 바다는 달의 끄는 힘 때문에 바닷물이 부풀어 올라 밀물이 되고, 그 반대편의 바다도 밀물이 된다.(예를 들어 우리나라 바다가 밀물이면 지구 반대편에 있는 우루과이 바다도 밀물이 된다.)

보름달이나 그믐달일 때에는 달과 태양, 지구가 일직선에 놓인다. 그러면 달과 태양이 끌어당기는 힘이 한 방향에서 작용하기 때문에 그 힘이 가장 크고, 따라서 밀물과 썰물의 차이도 가장 크다. 이때를 '사리'라고 한다.

반면 태양과 달이 직각으로 놓일 때(상현달, 하현달)에는 태양과 달이 바닷물을 끌어당기는 힘이 서로 다른 방향으로 분산되어 밀물과 썰물의 차이가 가장 작다. 이때를 '조금'이라고 한다.

밀물

썰물

이건 꼭 알아 두자!
밀물과 썰물은 달과 태양의 끌어당기는 힘 때문에 일어난다.

과제 3 바닷물도 강물처럼 흐르고 있을까?

바닷물도 강물처럼 흐른다. 바닷물은 일정한 방향으로 흐르는데, 이걸 '해류'라고 한다. 해류에는 따뜻한 난류와 차가운 한류가 있다. 난류는 더운 적도 지방에서, 한류는 추운 극지방에서 흘러나온다. 해류는 북반구에서는 시계 방향으로, 남반구에서는 시계 반대 방향으로 흐른다. 거의 모든 바닷물이 해류를 따라 흐르면서 찬물을 더운 곳으로, 더운물을 추운 곳으로 옮기기 때문에 더운 지방과 추운 지방의 온도 차이가 줄어든다.

만약 해류가 흐르지 않는다면 적도 지방은 더욱 뜨겁고, 극지방은 더 추워질 것이다.

해류는 지구의 온도를 조절할 뿐 아니라 바닷물에 산소를 공급해 주고 양분을 골고루 나눠 주는 일도 한다.

우리나라 주변의 해류로는 황해 난류, 동한 난류와 북한 한류가 있다. 한류와 난류가 만나는 지역은 플랑크톤이 풍부하여 황금 어장이 만들어지는데, 특히 동해안 원산만 부근에 물고기가 많다.

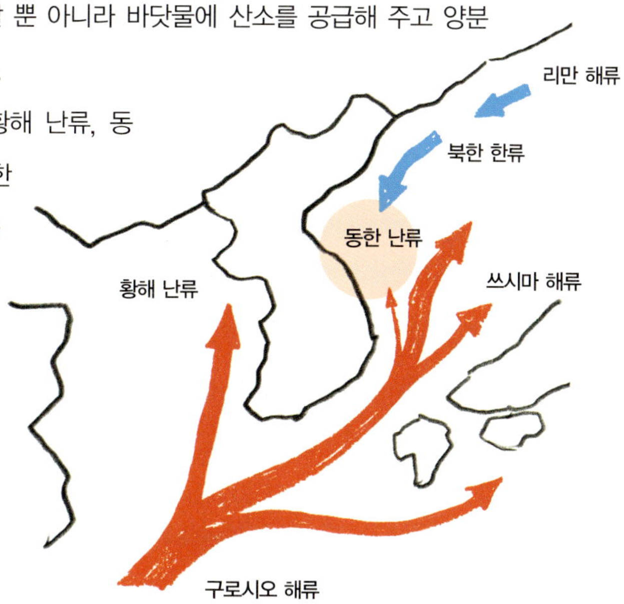

리만 해류
북한 한류
동한 난류
쓰시마 해류
황해 난류
구로시오 해류

이건 꼭 알아 두자!

해류가 생기는 원인은 일정한 방향으로 부는 바람 때문이다.
이 밖에도 지역마다 물의 온도와 염분의 차이로 해류가 생긴다.

갯벌은 생태계의 보물 창고

🧒 박사님, 갯벌은 왜 살아 있다고 하나요?

👨‍🔬 바닷가에서 살펴봤듯이 강과 바다가 만나는 곳엔 갯벌이 생기기도 해. 갯벌은 넓고 평평하며 수심이 얕고, 밀물과 썰물의 차이가 큰 곳에 발달하지. 강물이 실어 나른 퇴적물이 오랜 세월 쌓여야 한단다. 갯벌은 한동안 쓸모없고 지저분한 땅으로 여겨져서 간척과 매립의 대상이었어. 하지만 요즘은 갯벌의 높은 생태적 가치가 밝혀지면서 갯벌을 지키려고 애쓰고 있지.

갯벌은 다양한 바다 생물의 서식지이자 산란 장소이고 철새들의 쉼터야. 네가 좋아하는 게와 조개를 비롯해서 사람들에게 풍부한 먹거리도 제공해 주고 있어. 또한 많은 양의 물을 저장할 수 있어서 홍수의 피해를 막아 주기도 해. 갯벌을 '지구의 콩팥'이라고 부르는데, 육지에서 나오는 오염 물질을 깨끗하게 걸러 주기 때문이란다.

👧 참! 서해안 갯벌은 '세계 5대 갯벌' 가운데 하나라고 하던데요?

👨‍🔬 그렇단다. 우리나라 전체 갯벌 가운데 서해안의 갯벌이 83%를 차지하고 있어. 서해

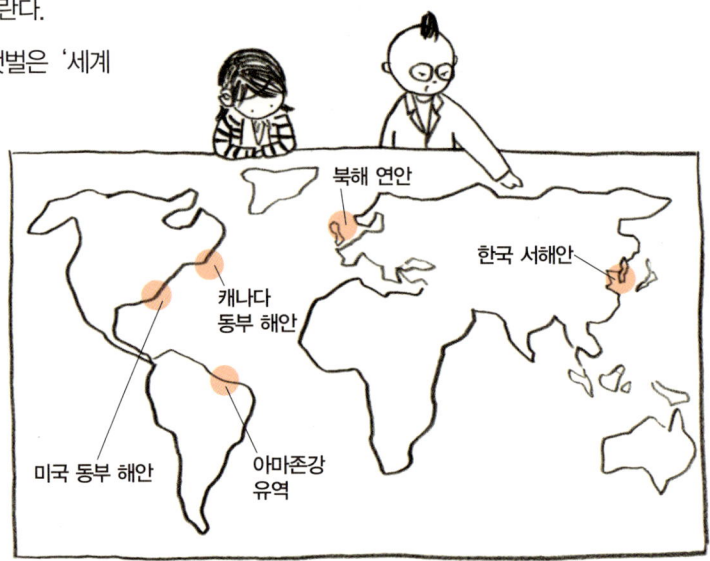

세계 5대 갯벌

안 갯벌은 캐나다 동부 해안, 미국 동부 해안, 독일과 네덜란드, 덴마크 부근의 북해 연안, 남아메리카 아마존강 유역과 더불어 세계의 5대 갯벌로 손꼽히고 있지.

지진 해일, 쓰나미의 위력

🧑 파도와 해일은 어떻게 달라요?

👴 파도는 바다를 가로질러 부는 바람 때문에 생겨. 바닷가에서 바다를 바라보면 바닷물이 파도를 타고 계속 해안가로 밀려오는 것처럼 보이지만, 실제로 파도는 제자리에서 솟아올랐다가 다시 떨어지는 거란다.

바다에 폭풍이 치거나 바다 밑에서 화산 폭발, 지진 등이 발생하면 바닷물이 엄청난 높이로 솟아올라 육지를 덮치는데, 이런 현상을 '해일'이라고 해. 폭풍 때문에 생기는 것은 폭풍 해일, 지진이나 화산 폭발로 일어나는 것은 지진 해일이라고 하는데, 지진 해일을 일본어로 '쓰나미'라고도 부르지.

👧 수마트라섬에서 발생한 쓰나미는 수많은 생명을 앗아 갔다면서요?

👴 정말 안타까운 일이었지. 2004년 12월, 인도네시아 수마트라섬 연안에서 강력한 지진이 발생했어. 이 쓰나미로 수마트라섬이 30m 이동하고, 20만 명 이상이 사망하는 엄청난 재앙을 겪었지. 먼 바다에선 높이가 1m도 되지 않던 파도가 눈 깜짝할 사이에 해안으로 다가와 10층짜리 건물에 맞먹을 만큼 높아지지. 그리고 주변 땅을 순식간에 삼켜 버리고 모든 것을 파괴한단다. 2011년 3월 11일에 일본을 덮친 쓰나미도 재산 피해와 인명 피해뿐만 아니라 원자력 발전소 사고로 큰 문제가 되었잖니.

제4장
장보고호를 타고 드넓은 바다로

  동해 바닷가에서 가장 크고 이름난 나리항에는 푸른 바다를 배경으로 눈부시게 빛나는 장보고호가 위풍당당하게 서 있었다. 배 옆면에 '장보고'라고 쓰인 한글과 영문 이름이 눈에 띄었다.
  샤크 박사와 크랩, 산호와 소라는 항구에 정박해 있는 장보고호로 짐을 옮기고 있었다. 25일 동안 탐사를 떠나게 되어 짐이 꽤 많았다.
  "산호야, 무슨 간식이 이렇게 많아?"
  소라가 배낭 한가득 먹을 걸 챙긴 산호를 보고 놀라자 산호는 얼른 간식 배낭부터 둘러메며 말했다.
  "금강산도 식후경! 먹어야 힘이 난다고! 나중에 나눠 달라고 하지 마!"
  장보고호는 1800t급으로, 바닷속 5000m까지 잠수할 수 있는 잠수정 '돌핀5000'의 모선이었다. 길이는 65m, 폭은 13.5m이고, 승무원과 과학자를 합해 모두 40명이 탈 수 있었다.
  "박사님! 장보고호는 얼마나 속도를 낼 수 있어요?"

소라가 샤크 박사에게 물었다.

"평균 속도 15kn(노트)야. '노트'란 말 들어 봤니? 1kn는 배가 한 시간에 1852m를 가는 속도란다. 그러니까 15kn는 1시간에 약 27km를 갈 수 있다는 뜻이지."

"아, 그렇군요. 자동차가 달리는 속도를 생각하면 느린 편이네요."

장보고호에 오른 산호와 소라는 방을 배정받고 짐부터 정리했다.

"우아, 내 방보다 크잖아! 창밖으론 넘실대는 바다가 보이고, 책상과 책꽂이, 최신형 노트북도 있어."

산호는 입을 다물 줄 몰랐다.

바로 옆방은 소라의 방이었다. 소라는 책상 위에 자명종부터 올려놨다.

짐 정리를 끝낸 아이들은 샤크 박사와 함께 장보고호를 둘러보았다. 아늑한 식당과 널찍한 휴게실에 탁구대와 농구대도 있었다.

배에는 여러 가지 자료를 처리하고 분석하는 컴퓨터실이 5개, 실험실도 10개나 되었다. 배 안을 구석구석 살피던 소라가 말했다.

"박사님, 장보고호는 연구실 같아요. 움직이는 연구실요!"

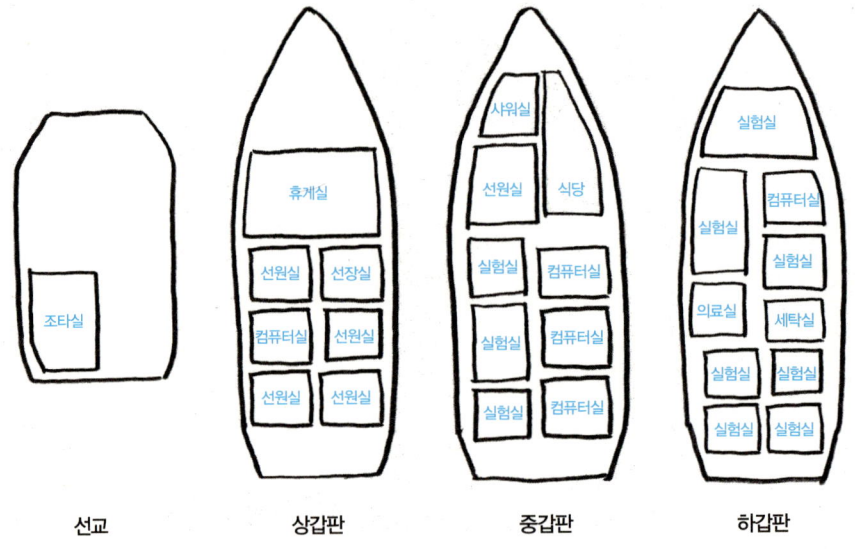

"물론이지. 실험실, 컴퓨터실뿐만 아니라 각종 해양 탐사와 첨단 분석 장비도 갖추고 있어. 바닷물의 수온, 염분, 해류를 측정할 수 있고, 바다 깊이와 해저 지형도 조사할 수 있단다. 또한 바다 생물과 바다 밑에 쌓인 퇴적물을 채집하는 장비도 실려 있지."

샤크 박사의 설명에 소라는 흥분을 감추지 못했다.

"첨단 장비를 갖춘 배에 타고 있으니 마치 제가 해양학자가 된 듯한 기분이에요."

"근데 저는 좀 걱정이에요. 배 안에서 길을 잃으면 어쩌죠?"

산호가 겁먹은 목소리로 말하자 크랩이 다가왔다.

"띠리리릭! 길을 잃을 일은 없음. 내가 도와줌."

샤크 박사가 시계를 들여다보며 말했다.

"벌써 점심시간이구나. 배 안에서의 첫 식사, 기대되지 않니?"

"넵!"

박사와 아이들은 식당으로 내려가 맛있게 식사를 했다. 식사를 끝낸 샤크 박사는 승무원들을 만나고 온다며 자리를 떴다. 산호와 소라는 크랩과 함께 방으로 올라왔다. 책상 위에는 미션 노트가 놓여 있었다.

과제 1 세계의 바다 그림 지도 그리기
과제 2 바다는 어떻게 생겨났을까?
과제 3 바닷물이 짠 까닭

산호는 콧노래를 부르며 말했다.

"어떤 과제도 문제없어! 내 곁엔 소라가 있으니까."

소라가 창가로 다가가며 말했다.

"어? 배가 떠나고 있어."

"정말?"

모두들 갑판으로 나갔다. 시원한 바닷바람을 가르며, 장보고호가 드디어 태평양을 향해 떠나고 있었다.

"심장이 마구 뛰어! 드디어 태평양 심해저 탐사가 시작되는구나."

"이제 우리는 25일이 지나야 땅을 밟을 수 있어."

산호와 소라는 긴장된 표정으로 두 눈을 초롱초롱 빛냈다.

장보고호가 나리항을 떠난 지 2시간쯤 되었을 때 배의 흔들림이 느껴졌다. 책을 읽던 소라는 얼굴이 하얘지더니 손으로 입을 막았다.

"욱!"

"소라야, 왜 그래? 뱃멀미해?"

산호가 걱정스런 표정으로 물었다. 대답 대신 힘없이 고개를 끄덕이는 소라에게 산호가 껌을 건넸다.

"가만히 있으면 멀미가 더 난대. 자, 일어나서 움직여. 껌도 씹고!"

방안을 서성거리는 산호와 소라에게 크랩이 실력 테스트로 기분 전환을 해 보자고 말했다.

> **알쏭달쏭 강 바다 실력 테스트**
> 1. 대양 가운데 가장 크고 깊은 대양은 태평양이다. **(참, 거짓)**
> 2. 바다의 크기와 모양은 언제나 똑같다. **(참, 거짓)**
> 3. 바다에 염분이 많을수록 몸이 잘 뜬다. **(참, 거짓)**
> 4. 전 세계의 바다는 이어져 있다. **(참, 거짓)**

"따르르릉!"

난데없이 비상벨이 울렸다. 산호와 소라는 놀라서 벌떡 일어났다. 산호가 소리쳤다.

"무슨 일이야?"

그때 샤크 박사가 방문을 열었다.

"놀랐지? 안전 훈련을 하니까 어서 밖으로 나오렴. 배에 불이 나거나 사고가 났을 때를 대비해서 탈출 방법을 미리 연습하는 거야."

산호와 소라는 샤크 박사를 따라 구명보트가 있는 곳으로 향했다. 다른 승무원들도 모여 있었다. 같은 구명보트에 탈 사람을 확인하고, 배에서 내릴 때의 주의 사항을 들었다.

"산호야, 구명보트 위치 잘 기억해 뒀어?"

"아니! 너랑 같은 보트에 탈 건데 너만 따라가면 되잖아, 헤헤헤."

"뭐라고? 못 말려!"

안전 훈련이 끝나고 아이들은 샤크 박사의 방으로 갔다. 샤크 박사는 모니터로 지도를 보여 주며 말했다.

"오늘부터 일정과 탐사 내용 등을 서로 점검해야 한단다. 이번 심해저 탐사에서 해야 할 일은 알고 있겠지?"

산호가 주저하지 않고 대답했다.

"그럼요! 해저 지형을 측정하고, 광물 자원을 채집해야 해요."

소라도 말했다.

"심해 생물을 관찰하고 촬영도 해야죠. 그런데 박사님! 넓은 바다 어느 지점에서 탐사를 하는 거예요?"

소라가 지도를 가리키며 묻자 샤크 박사가 말했다.

"너희들, 우리나라에 해외 영토가 있다는 걸 알고 있니?"

"네? 해외 영토라고요?"

"하하하, 바닷속에 우리 땅이 있단다. 지도에 표시한 곳을 살펴보렴. 태평양 북동쪽에 남한 땅 3/4 크기만 한 광구(광물을 캐낼 수 있는 지역)를 국제 해저 기구로부터 나눠 받았어."

곰곰이 생각하던 산호가 말했다.

"바닷속 땅을 차지하면 뭐가 좋아요? 거기서 살 것도 아닌데……."

샤크 박사가 웃으며 대답했다.

"심해저엔 광물 자원이 풍부해. 육지에 있는 자원을 다 쓰고 나면 심해 광물 자원을 써야 하지. 그곳엔 100년 이상 캐낼 수 있을 만큼 엄청난 양의 망간 단괴가 묻혀 있단다. 게다가 언젠가는 바닷속에 도시가 만들어질지도 모르고."

"아, 그렇군요."

산호는 바닷속 도시를 머릿속으로 상상해 보았다.

그날 밤, 산호와 소라는 배의 흔들림 때문에 한밤중에 눈을 떴다. 갑판으로 올라가니 샤크 박사와 크랩도 나와 있었다. 축축한 바닷바람이 얼굴에 와 닿았다.
"너희들도 잠을 설쳤구나."
"띠리리릭! 잠이 오지 않음."
희미한 수평선을 배경으로 하늘에선 수많은 별이 쏟아져 내릴 것만 같았다.
별을 쳐다보던 산호가 뜬금없는 질문을 했다.
"박사님! 태평양 바다에는 해적이 있다는데 정말인가요?"

샤크 박사가 얼굴을 찡그리며 대답했다.

"음, 그렇단다. 세모 선장이라는 해적이 있지. 아직 만나진 못했지만 잠수정과 배를 번갈아 타고 다니며 못된 짓을 일삼고 있다더구나."

가만히 있던 크랩이 집게발을 휘두르며 말했다.

"띠리리릭! 세모 선장은 태평양의 악당임. 매너티나 바다거북처럼 귀한 동물을 사냥하고, 바다에 묻힌 광물 자원을 캐서 밀수업자들에게 비싼 값에 팔고 있음."

깜짝 놀란 산호가 외쳤다.

"세모 선장이라고요? 걱정 마세요! 이 김산호가 혼내 줄 거예요."

소라는 혼잣말을 했다.

"세모 선장과 맞닥뜨린다면 탐사가 순조롭지 않을 텐데……."

실력 테스트 정답 1. 참 2. 거짓(바다의 크기와 모양은 계속 바뀜) 3. 참 4. 참

과제 1 세계의 바다 그림 지도 그리기

지구본을 돌려 보자. 전 세계의 바다는 이어져 있지만 오대양으로 나뉜다. 크기순으로 태평양, 대서양, 인도양, 남극해, 북극해가 바로 오대양이다. 태평양과 대서양은 적도를 기준으로 남과 북으로 나누기도 한다. 태평양은 가장 크고 깊은 대양으로, 지

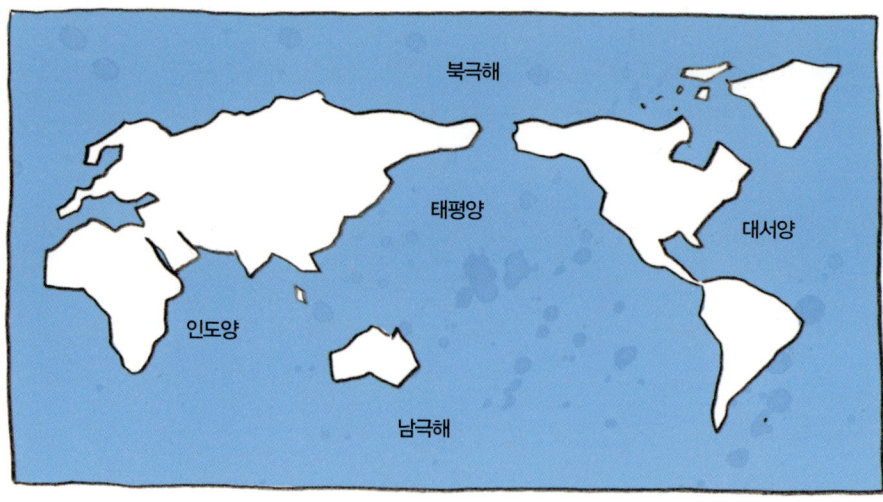

구 표면의 약 1/3을 차지하고 있으며 지구의 모든 땅덩어리가 태평양에 들어갈 수 있다. 가장 작고 얕은 대양은 북극해이다.

사람들은 예로부터 아주 넓은 바다는 '대양'이라고 부르고, 육지 가까이에 있는 바다는 '해', '만' 등으로 불렀다. 그러나 이런 바다도 대양의 일부이다. 우리나라의 동해, 황해, 남해 바다는 태평양의 일부이다.

이건 꼭 알아 두자!
전 세계의 바다는 이어져 있어서 하나의 바다를 이룬다.

과제 2 바다는 어떻게 생겨났을까?

지금으로부터 약 46억 년 전에 먼지와 가스의 구름 덩어리에서 지구가 생겨났다. 갓 태어난 지구에는 살아 있는 게 아무것도 없었다. 지구는 뜨거웠고 수많은 소행성과 부딪혔으며 번개가 치고 화산이 폭발했다. 화산은 엄청난 양의 뜨거운 수증기를 내뿜었다. 그러다 시간이 지나면서 지구는 차츰 식기 시작했다. 수증기는 응축되어 비구름을 만들고 세찬 비가 쏟아지기 시작했다. 비는 몇천 년 동안이나 계속 내리면서 지구에 바다를 만들었다.

 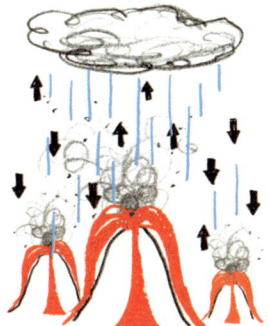 

이건 꼭 알아 두자!

최초의 바다는 많은 비로 만들어졌다. 바다의 나이는 약 40억 살이다.

과제 3 바닷물이 짠 까닭

바닷물은 짠물, 강물은 민물이라고 한다. 바닷물이 짠 까닭은 소금 때문이다. 소금은 염화나트륨(NaCl)이라고도 하며, 염소와 나트륨의 화합물이다. 바닷물의 성분을 살펴보면, 96.5%가 순수한 물이며, 염화나트륨은 2.9%, 나머지 0.6%는 칼슘, 불소 이온, 붕소, 마그네슘 등으로 이루어져 있다.

바닷물에 들어 있는 소금과 광물질들은 육지의 바위에서 씻겨 내려 바다로 흘러들기도 하고, 바다 밑의 바위에서 녹아 나오기도 한다. 바닷물 1kg에는 평균 35g의 염분(바닷물에 녹아 있는 소금기)이 녹아 있다. 만약 세계의 바닷물을 증발시킨다면 소금을 얼마나 얻을 수 있을까? 높이가 150m나 되는 소금 산이 지구 표면을 덮을 정도라고 한다.

세계에서 가장 짠 물은 이스라엘과 요르단 사이에 있는 사해의 물이다. 사해에서는 헤엄을 치지 않아도 저절로 몸이 둥둥 뜬다. 사해는 실은 바다가 아니고 육지로 둘러싸인 호수이다. 사해의 염분은 보통 바닷물의 5배 정도라서 생물이 거의 살지 못하기 때문에 사해(死海), 즉 '죽은 바다'라는 이름이 붙었다.

이건 꼭 알아 두자!

바닷물이 짠 것은 염화나트륨, 즉 소금 때문이다.

바닷물을 증발시켜 소금을 생산하는 염전

넓어지는 바다, 줄어드는 바다

태평양이 자꾸 줄어들고 있다면서요?

그렇단다. 우리가 느낄 순 없지만 태평양은 점점 줄어들고 대서양은 점점 커지고 있지. 바다의 크기와 모양이 계속 바뀌고 있을 뿐만 아니라 대륙도 해마다 몇 cm씩 계속 움직이고 있어.

대륙 이동설과 판구조론

어떻게 지구의 땅과 물이 움직이나요?

오랜 세월 동안 사람들은 지구가 항상 똑같은 모양이라고 믿었지. 그러나 1915년, 독일의 기상학자 알프레트 베게너는 약 2억 년 전 지구는 '판게아'라는 하나의 커다란 대륙밖에 없었다고 주장했어. 판게아에서 여러 개의 조각들이 떨어져 나와 지금과 같은 대륙의 모습을 갖추었다는 거야. 이것을 '대륙 이동설'이라고 해. 세계 지도를 자세히 보렴. 각 대륙의 모양이 퍼즐 조각처럼 서로 들어맞지?

정말 그렇네요.

하지만 베게너의 주장은 대륙을 이동시키는 힘을 설명하지 못했어. 베게너가 죽은 다음 다른 과학자들이 그의 주장을 과학적으로 입증하고 '판구조론'으로 발전시켰지. 이 이론에 따르면 지구의 지각은 '판'이라는 여러 개의 조각이 모여 이루어졌단다. 북아메리

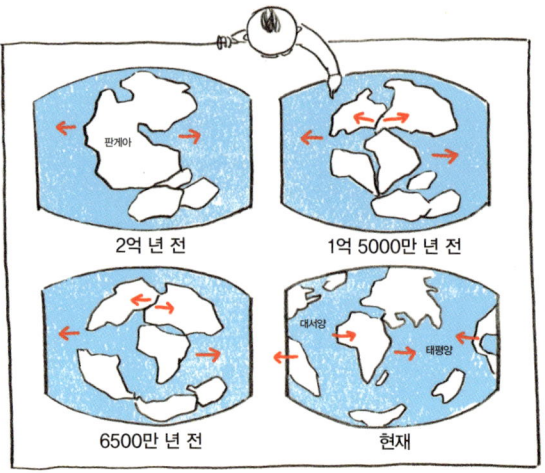

2억 년 전 / 1억 5000만 년 전 / 6500만 년 전 / 현재

카판, 남아메리카판, 태평양판, 유라시아판, 오스트레일리아·인도판 등으로 말이야. 판은 지구 안쪽의 마그마 위에 떠 있는데, 마그마가 대류 운동을 하며 움직이기 때문에 판들이 계속 움직이는 거지. 대서양은 커지고 태평양이 줄어드는 것은 아메리카 대륙판들이 태평양 쪽에 이웃한 다른 판들의 가장자리를 올라타고 있기 때문이야. 화산 활동이나 지진도 대개 판들이 만나는 곳에서 일어나지.

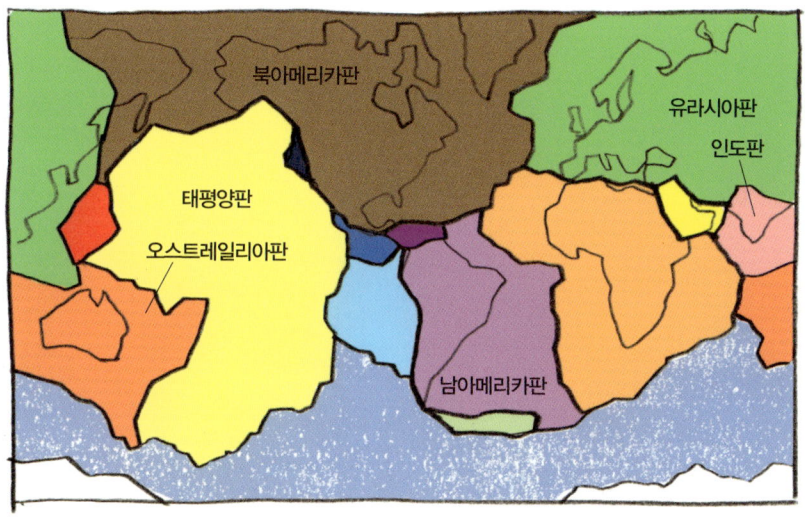

🧒 마치 판과 판이 만나서 싸우는 것 같아요.

👨 재밌는 표현이구나. 실제로 2개의 판이 만나면 상대방 위로 올라가려고 다투지. 세상에서 가장 높은 산봉우리인 히말라야산맥은 떠다니던 인도판이 유라시아판에 부딪히면서 만들어졌어.

🧑 우아! 그렇다면 미래의 세계 지도는 지금과는 전혀 딴판이겠네요!

👨 그렇겠지! 먼 훗날 오스트레일리아는 북쪽으로 이동하고, 북아메리카와 남아메리카는 서로 떨어진 모양일 게다.

제 5 장
보물선일까, 바다 괴물일까?

구름이 잔뜩 낀 날씨 때문에 산호와 소라는 휴게실에서 탁구를 치고 있었다.
집게발을 흔들며 크랩이 다가와 말했다.
"띠리리릭! 오늘은 우리가 탑승할 잠수정 '돌핀5000'과 처음 만나는 날. 박사님이 빨리 오라고 하심."

"야호!"

산호와 소라는 환성을 지르며 달려갔다.

돌핀5000은 배 뒤쪽에 있었다. 이름처럼 날씬한 돌고래의 모습을 닮았다.

샤크 박사는 산호와 소라를 반갑게 맞았다.

"심해 잠수정 돌핀5000이란다. 그동안 많이 궁금했지? 우리나라 기술력으로 개발한 거야. 3년 동안 세계의 바닷속을 누볐고, 황해 앞바다에서 고려 시대 보물선을 탐사하기도 했단다."

산호가 호기심 어린 표정으로 물었다.

"보물선이라고요? 그래서 보물을 많이 찾았나요?"

샤크 박사가 껄껄 웃으며 대답을 했다.

"그렇고말고. 고려청자가 무더기로 나왔으니까. 돌핀5000은 티타늄으로 만들어져서 가볍고 아주 강해. 그리고 조종실은 수압을 견딜 수 있도록 구형으로 생겼지."

소라가 상상의 나래를 펼쳤다.

"깊은 바닷속은 수압이 엄청나겠죠? 10m 내려가면 수압이 1기압씩 높아지니까 수심 5000m면 500기압이 되겠네요?"

크랩이 끼어들었다.

"띠리리릭! 손톱 위에 작은 자동차 한 대를 올려놨다고 생각해 볼 것. 엄청난 힘이 내리누름. 수심 5000m를 사람이 직접 내려간다면 말린 오징어처럼 완전히 납작해짐."

"와우! 수압이 누르는 힘이 정말 대단하구나!"

샤크 박사가 이어서 말했다.

"깊은 바다는 엄청난 수압과 어둠 때문에 사람이 활동할 수 없는 혹독한 환경이야. 그래서 깊은 바다에서도 안전하게 작업할 수 있도록 잠수정을 만들었어. 돌핀5000에는 사진 및 동영상 촬영 장치를 비롯해서 음파 탐지기, 바닷속에서도 자유롭게 움직일 수 있는 추진 장치도 달려 있단다."

"혹시 적을 물리치는 공격 장치는 없어요?"

산호의 질문에 샤크 박사는 어이가 없다는 듯 눈만 깜박였다.

"산호야, 저기 로봇 팔도 달려 있어."

소라가 신기한 듯 로봇 팔을 쳐다봤다.

"로봇 팔로 바다 밑에서 심해 생물이나 퇴적물을 채집한단다."

"한쪽 팔은 집게 모양, 한쪽 팔은 국자 모양이에요. 뭔가를 집거나 쓸어 담는 데 그만이겠어요. 박사님! 바다 밑은 어떻게 생겼어요?"

샤크 박사가 소라에게 미션 노트를 내밀며 말했다.

"하하! 오늘의 과제를 소라가 먼저 얘기하는구나. 우리가 사는 육지는 울퉁불퉁하지? 높은 산이 있는가 하면 언덕도 있고, 평지도 있으니까 말이야. 바다 밑은 어떨지 상상해 보렴."

물결이 일렁이는 바다를 바라보면서 산호가 입을 열었다.

"바다 밑은 평평하고 아주 고요할 것 같아요."

"일단 밥을 든든히 먹고 휴식을 취하렴. 오늘의 탐사 지점에 이르면 바다 깊이를 재고, 해저 지형을 측정할 예정이란다."

샤크 박사가 사라지자 산호와 소라는 함께 미션 노트를 펼쳤다.

> **과제 1** 바다 깊이와 모양을 측정하는 방법은?
> **과제 2** 바다 밑 지도 그리기
> **과제 3** 우리나라 주변의 해저 지형

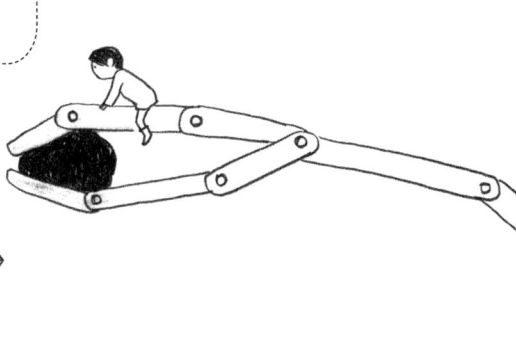

식당을 나서며 산호가 소라에게 물었다.
"그런데 바다 깊이를 어떻게 재? 자로 잴 수 있는 것도 아니잖아."
크랩이 말했다.
"띠리리릭! 옛날에는 배에서 추를 매단 끈을 바닷속으로 떨어뜨리고 그 끈의 길이를 재서 수심을 알아냄. 그런 방법으로 배를 타고 가면서 일정한 간격으로 수심을 재면 바다 깊이와 바다 밑바닥의 모양을 추측할 수 있음. 물론 아주 정확하지는 않았음."
산호가 고개를 끄덕이며 되물었다.
"그럼 요즘엔 어떻게 수심을 측정해?"
"띠리리릭! 음파를 이용함!"

크랩이 대답하는 순간 소라가 벌떡 일어났다.
"저기 좀 봐! 돌고래야."
푸른 바다 위로 돌고래 몇 마리가 펄쩍펄쩍 솟아올랐다.
"정말 멋져!"

카메라를 꺼내는 산호에게 소라가 물었다.
"돌고래가 먹이를 어떻게 찾아내는지 알아?"
산호가 웃으며 대답했다.
"그 정도는 나도 알아. 초음파로 먹이를 찾지. 돌고래가 낸 초음파가 먹이에 닿으면 메아리처럼 되돌아오고, 그 메아리로 먹이를 찾는 거야."
"제법인걸. 맞아, 초음파를 발사해서 물고기나 장애물의 위치를 알아내는 돌고래처럼, 배에 부착된 음파 탐지기에서 바다 밑으로 음파를 발사하면 바다 깊이를 측정할 수 있어."
산호와 소라가 신나게 이야기하는데 크랩이 끼어들어 실력 테스트를 해 보자고 했다.

알쏭달쏭 강 바다 실력 테스트

1. 바다 밑바닥은 평평하다. **(참, 거짓)**
2. 육지와 가장 가까이 있는 바닷속 땅으로, 바닷가에서부터 깊이 약 200m까지의 완만한 경사의 해저 지형을 대륙붕이라고 한다. **(참, 거짓)**
3. 고래는 물고기이다. **(참, 거짓)**
4. 독도는 우리나라 동쪽 끝에 있는 섬으로 일본 땅이다. **(참, 거짓)**

태평양을 가르며 나아가던 장보고호가 마침내 탐사 지점에 이르렀다. 샤크 박사가 모니터를 바라보며 말했다.

"지도를 잘 봐! 여기 표시한 곳에 도착했단다. 이제 바다 깊이를 재고, 해저 지형을 측량해서 해저 지형도를 작성해야 해."

샤크 박사는 음향 측심기를 보여 줬다. 소라가 조심스레 기계를 살피며 말했다.

"음파로 바다 깊이를 재는 기계로군요. 작동 방법을 알려 주세요!"

크랩이 설명했다.

"띠리리릭! 이게 음파 발사 버튼! 먼저 음파를 바다 밑으로 발사한 다음, 바다 밑바닥에 반사되어 돌아오는 시간을 잼. 이 시간은 배와 바다 밑바닥 사이를 두 번 지나는 데 걸린 시간이니까 1/2을 곱한 다음 음파의 속도를 곱하면 바닥까지의 거리를 알 수 있음."

산호가 얼굴을 찡그리며 말했다.

"으윽, 좀 쉽게 설명해 줘. 한 줄짜리 공식 같은 걸로!"

크랩이 집게발로 화이트보드에 공식을 썼다.

바다의 깊이 = 음파의 속도 × 걸린 시간 × 1/2

"참고로 음파의 속도는 1초에 1500m임."
"아하! 알겠어!"
산호가 탐사 지점에서 음향 측심기로 음파를 발사하고 시간을 쟀다.
째깍째깍 째깍째깍!
"박사님, 음파가 배로 돌아오는 데 4초 걸렸어요. 그러니까 이 지점의 깊이는 1500m/초 × 4초 × 1/2 = 3000m입니다."
샤크 박사가 산호의 어깨를 다독였다.
"잘했다! 음향 측심기로는 한곳의 수심만 측정할 수 있단다. 이번엔 해저 지형을 알 수 있는 다중 빔 음향 측심기를 작동해 보렴."
"다중 빔 음향 측심기라고요?"
소라가 두 눈을 동그랗게 떴다.
"일종의 해저 지형 스캐너라고 할까. 배 뒤에 달려 있는데 미사일 모양이야. 배가 움직이면서 100여 개의 음파를 한꺼번에 쏴서 바닥을 훑는단다. 그러면 해저 지형의 데이터를 읽어 낼 수 있지. 이 데이터를 컴퓨터 프로그램에 입력하면 3차원 입체 지형 영상을 만들 수 있단다."
"굉장해요. 바닷속 모습을 읽어 내다니!"
"소라야, 다중 빔 음향 측심기 작동 준비됐니?"
"넵!"
해저 지형 측량이 끝나고, 산호와 소라는 잠시 수다를 떨고 있었다.

"띠리리릭!"

컴퓨터실에서 모니터를 보던 크랩이 급하다는 신호를 보냈다.

"무슨 일이야?"

"탐지기에 뭔가 잡힘. 4000m 바다 밑바닥인데 뭔지 알 수 없는 물체가 있음."

"혹시 보물선 아니야?"

산호가 웃으며 묻자, 소라도 한마디 했다.

"심해에 사는 괴물일지도 몰라. 입이 엄청 크고 스스로 빛을 내는 괴물 물고기! 아니면 혹시 세모 선장의 잠수정?"

샤크 박사가 어느새 다가와 모니터를 본 다음 퇴적물 채취기를 바닷속으로 내려 보내기로 했다. 모두들 우르르 갑판으로 몰려 나갔다. 상자 모양의 퇴적물 채취기를 바다 밑으로 풍덩 빠뜨렸다.

3시간이 지나고 산호와 소라가 동시에 함성을 질렀다.

"와!"

상자 모양 퇴적물 채취기가 배 위로 끌어올려지는 것을 지켜보며, 둘은 한마디씩 주고받았다.

"괴물은 아닌 것 같고, 바다 밑바닥에 걸린 물체가 뭘까?"

"해적선에서 나온 보물 상자면 좋겠다. 헤헤헤."

샤크 박사는 상자 안에 호스를 넣고 조심조심 물을 빼냈다. 물이 거의 빠져 바닥이 보일락 말락 했다.

"앗!"

소라가 소리쳤다.

샤크 박사가 이상한 물체를 집어 들었다. 길이가 약 60cm쯤 되는 길쭉한 모양에다 거무스름한 빛을 띠고 있었다. 샤크 박사가 요리조리 살펴보더니 말했다.

"이건 고래 뼈야."

산호와 소라는 약간 실망하는 눈치였다. 보물을 기대했던 산호가 고래 뼈를 들여다보며 말했다.

"애걔, 고래 뼈라고요? 뭐가 덕지덕지 붙어 있어요."

크랩이 파란 눈알을 반짝이며 말했다.

"띠리리릭! 망간 단괴 붙어 있음."

샤크 박사가 돋보기를 고래 뼈에 들이대며 대답했다.

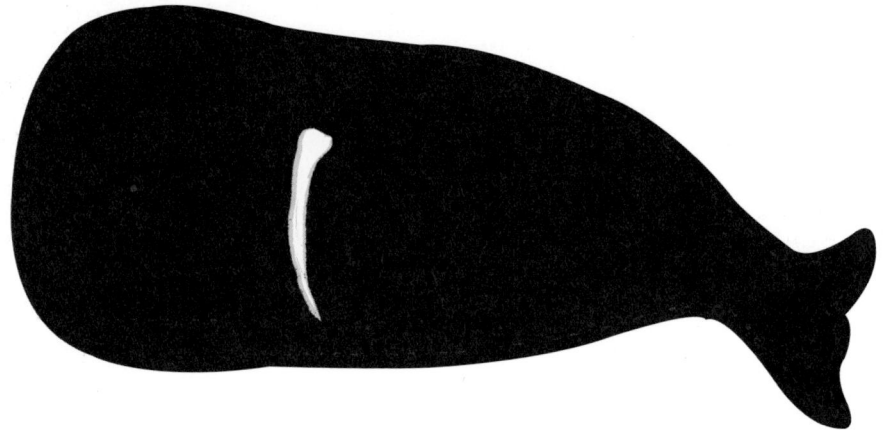

"그렇구나. 이 고래 뼈엔 망간 단괴가 많이 붙어 있구나. 망간 단괴의 크기로 봐서 몇백만 년 전에 바닷속을 누비던 고래의 뼈 같아."

채취기 바닥엔 고래 뼈가 몇 개 더 있었다.

크랩의 설명이 이어졌다.

"띠리리릭! 망간 단괴는 망간, 코발트, 니켈, 철, 구리 등이 섞인 흑갈색 덩어리임. 보통 수심 4000m 이하의 심해저 바닥에서 발견되며, 미래 자원으로 관심을 받고 있음. 그래서 망간 단괴를 '검은 다이아몬드'라고 부름."

산호와 소라는 망간 단괴가 붙은 고래 뼈를 채집통에 담았다. 몇백만 년 전에 태평양 바닷속을 누비던 고래라고 생각하니 타임머신을 타고 과거로 여행 온 듯한 기분이 들었다.

탐사 노트를 작성한 뒤 산호와 소라는 잠수정 탈 날을 손꼽아 기다리면서 단잠에 빠졌다.

실력 테스트 정답 1. 거짓(바닷속 풍경도 육지와 비슷함. 평평한 평원도 있고, 높은 산도 있고 계곡도 있음.) 2. 참 3. 거짓(고래는 포유동물) 4. 거짓(독도는 당연히 우리나라 땅)

완성! 산호와 소라의 미션 노트

 **바다 깊이와 모양을 측정하는 방법은?**

과학이 발달하기 전에는 배 위에서 추를 내려뜨리고 그 길이를 재서 수심을 측정했다. 그러나 잠수정을 이용하면 더 안전하고 깊은 곳까지 조사할 수 있으며 잠수정에 달린 컴퓨터와 첨단 장비 덕분에 심해저의 모습을 볼 수 있다. 아주 깊고 위험한 곳은 무인 잠수정을 사용한다. 또 다른 방법은 사람이나 기계가 직접 들어가지 않고

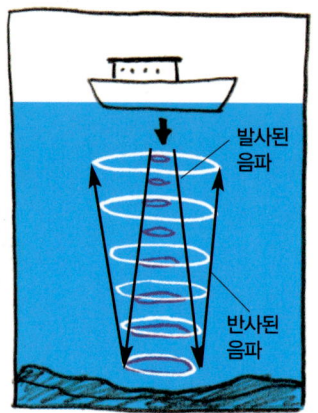

음파를 이용하는 방법이다. 음향 측심기로 바닷속에 음파를 발사하여 되돌아오는 시간을 재서 수심과 해저 지형을 알아내는 것으로, 현재 가장 많이 사용하고 있으며 가장 정확하다. 한편 지구 둘레를 도는 인공위성으로도 넓은 지역의 바다 밑 모습과 해류의 흐름 등을 알 수 있다.

이건 꼭 알아 두자!
바다 밑 지형을 알기 위해 깊이를 재는 방법으로는 추를 이용하는 방법, 잠수정을 이용하는 방법, 음파를 이용하는 방법이 있다.

과제 2 바다 밑 지도 그리기

바다 밑도 육지처럼 높은 곳과 낮은 곳이 있다. 평지와 언덕, 높은 산은 물론이고 계곡과 산맥도 있다. 바다 밑의 해저 지형은 대륙붕, 대륙 사면, 심해 평원, 해저 산맥, 해산, 해구 등으로 나뉜다.

대륙붕 바닷가에서부터 약 깊이 200m까지의 완만한 해저 지형. 다양한 생물이 살고 있으며, 석유나 천연가스 같은 자원이 많이 묻혀 있다.

대륙 사면 대륙붕에서 바다 쪽으로 경사가 급해지는 곳이다.

심해 평원 수심 3000~6000m 사이로, 깊은 바다 밑바닥에 펼쳐진 넓고 평평한 지형을 말한다. 여러 가지 부드러운 퇴적물이 쌓여 있으며, 바닷속 땅의 약 90%를 차지한다.

해저 산맥 바닷속에 솟아오른 산맥으로, '해령'이라고도 부른다. 태평양, 대서양, 인도양까지 이어져 있다. 지각판이 서로 만나는 곳에 있기 때문에 화산과 지진 활동이 일어난다.

해산 심해저에서 1000m 이상 솟아오른 산이다. 꼭대기가 평평한 해산을 '기요'라고 한다.

  해구 바다 밑으로 깊고 좁게 파인 골짜기로, 수심이 6000m가 넘는다. 햇빛이 닿지 않기 때문에 깜깜하며, 태평양에 해구가 가장 많다.

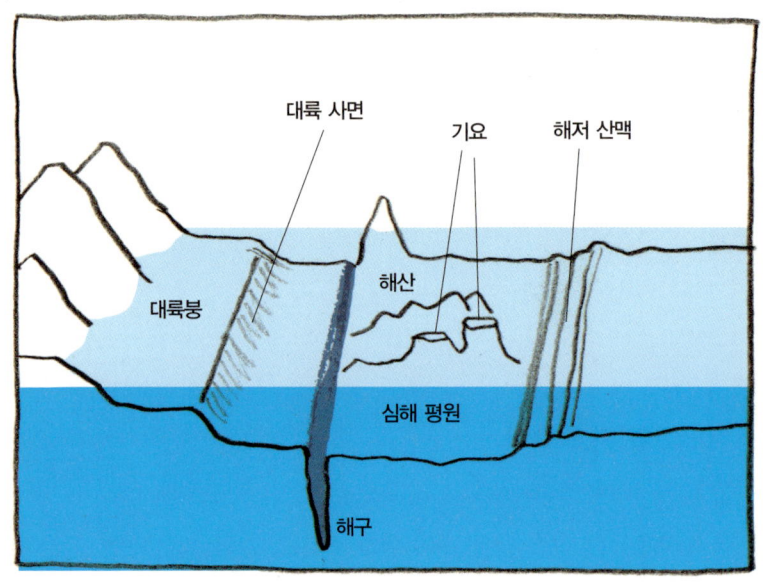

이건 꼭 알아 두자!
바다 밑은 평평하지 않다. 바닷속에도 산과 계곡이 있고, 평원과 화산도 있다!

 **과제 3** **우리나라 주변의 해저 지형**

  우리나라는 삼면이 바다로 둘러싸여 있으며 동해, 황해, 남해와 접하고 있다. 수심이 얕은 남해(평균 수심 101m)와 황해(평균 수심 44m)는 대륙붕만 펼쳐져 있다. 반면 동해는 폭이 좁은 대륙붕을 지나 대륙 사면과 심해 평원이 이어져 있다. 동해에는 화산 활동으로 생긴 화산섬인 울릉도와 독도가 심해 평원인 울릉 분지에 솟아 있다.

동해의 평균 수심은 1684m이다.

황해는 수십 개의 섬으로 이루어졌으며 갯벌이 크게 발달하였다. 해저 지형은 수심 100m 이내의 대륙붕이고, 우리나라와 중국 대륙의 강과 하천에서 흘러온 퇴적물이 많아 중국 쪽이 얕고, 우리나라 쪽이 깊다.

남해는 해안선의 굴곡이 심하고 섬이 아주 많다. 남해의 해저 지형은 200m 이내의 대륙붕이며 남쪽, 동쪽으로 갈수록 수심이 깊다.

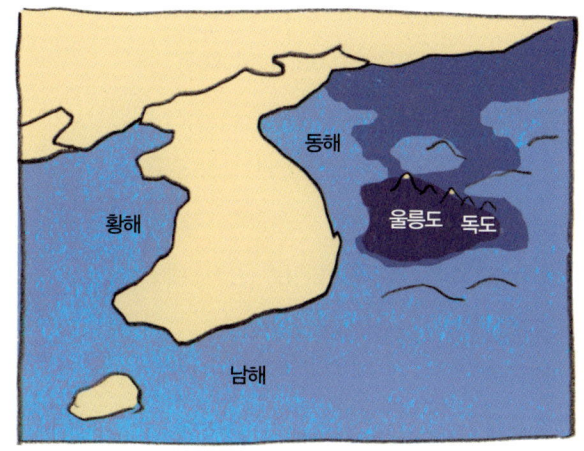

이건 꼭 알아 두자!
남해와 황해의 해저 지형은 대륙붕, 동해의 해저 지형은 대륙붕을 지나 대륙 사면과 심해 평원이 이어져 있다.

바다에서 가장 깊은 곳, 마리아나 해구

🧑 박사님, 바닷속에서 가장 깊은 곳은 어딘가요?

👨 지금까지 사람들이 찾아낸 가장 깊은 바다는 태평양의 마리아나 해구로 깊이가 자그마치 1만 1034m에 이른단다. 가장 높은 산인 에베레스트산(8848m)을 여기에 빠뜨려도 풍덩 잠길 만큼 아주 깊지. 해구는 엄청나게 깊어서 온통 어둠뿐이야. 그런데 그곳에 다녀온 사람이 있어.

👧 정말요? 누가 다녀왔어요?

👨 1960년 스위스 해양학자 자크 피카르와 미국인 돈 월시는 심해 유인 잠수정 '트리에스테호'를 타고 마리아나 해구의 1만 911m까지 잠수하는 데 최초로 성공했어. 왕복 22km에 이르는 심해 여행을 하는 데 8시간 30분이나 걸렸단다. 그 이후에는 2019년 미국인 탐험가 빅터 베스코보가 1만 928m까지 잠수하는 데 성공했지.

🧑 그렇게 깊은 바닷속에도 생물이 살고 있나요?

👨 트리에스테호가 마리아나 해구의 바닥에 도착한 다음 조명등을 켰단다. 아무것도 살지 않을 거라는 예상과 달리 몸길이 30cm쯤 되는 흰색 넙치 종류가 지나갔다고 해.

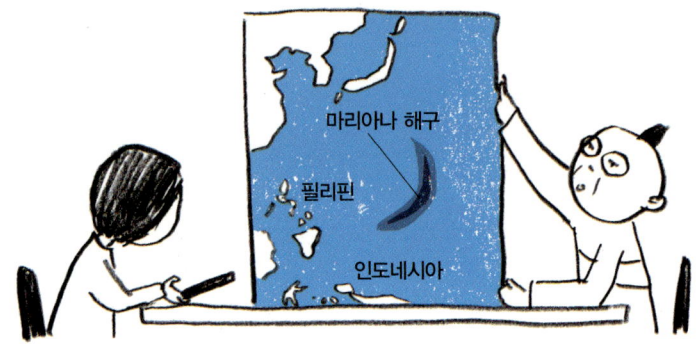

세계에서 가장 긴 바다 산맥, 대서양 중앙 해령

🧑 바닷속에도 산맥이 있다는데, 얼마나 긴가요?

👨 대서양의 중심부 밑바닥에 세상에서 가장 긴 산맥이 있어. '대서양 중앙 해령'으로, 대서양의 남과 북을 따라 길게 뻗은 해저 산맥이야. 북극해에서 아프리카 남단까지 길이가 자그마치 1만 6000km에 이르지. 높이가 3000m 정도 되는 산들로 이루어져 있단다. 지구상에서 가장 거대한 지질 구조라고 할 수 있지.

🧑 우아, 엄청나네요. 지금도 해저 산맥이 자라고 있다면서요?

👨 이 순간에도 해저 산맥에서 화산 활동과 지진이 활발히 일어나면서, 새로운 지각이 만들어지고 해저 산맥으로부터 양쪽으로 멀어지고 있단다. 과학자들은 이 현상을 '해저 확장'이라고 불러. 대서양 해저도 해마다 2~4cm씩 확장되고 있지.

🧑 2010년 4월, 아이슬란드 화산이 폭발해서 유럽의 하늘을 화산재로 뒤덮었는데 이것도 대서양 중앙 해령과 관계가 있나요?

👨 역시 소라는 대단해! 아이슬란드는 대서양 중앙 해령 가운데 물 위로 솟은 화산들로 이루어진 섬나라야. 화산 활동이 활발한 지점에 있기 때문에 화산 폭발이 자주 일어난단다.

제 6 장
5000m 바닷속 신비의 세계

　태평양 항해 15일째. 드디어 산호와 소라가 잠수정을 타는 날이 되었다. 샤크 박사는 다중 빔 음향 측심기를 이용해 완성한 해저 지형도를 펼치고 잠수정이 조사할 지점을 표시했다. 태평양 심해저 5000m 지점이었다. 언제나 온화한 미소를 짓던 샤크 박사도 대한민국 최초로 어린이 탐사대를 이끌고 잠수정을 탈 생각에 표정이 굳어 있었다.
　샤크 박사는 이른 새벽부터 준비를 마친 산호와 소라에게 잠수정 안에서 주의해야 할 점을 일러 주었다.
　"잠수정은 좁은 공간이야. 그곳에서 9~10시간을 있어야 하니까 산소 공급이 아주 중요해. 산호는 잠수정 안에 산소가 알맞게 유지되고 있는지 산소 측정기를 점검하도록 해라."
　"네, 박사님!"
　산호가 힘차게 대답했다.
　"만약 무슨 일이 일어나면 식수를 아끼기 위해 10시간 동안은 물을 마실 수 없단다. 참을 수 있겠지?"
　"그럼요!"
　큰 소리로 대답하고 나서 소라가 물었다.
　"잠수정에 화장실은 있나요?"

"화장실? 하하하! 물론 없지. 급할 때를 대비해서 플라스틱 통을 준비했다."

"아이, 박사님! 저는 플라스틱 통으로 해결할 수 없다고요."

난처한 표정을 짓는 소라를 보고 산호가 박장대소를 터뜨렸다.

"아 참! 집에 가보로 내려오는 요강이 있는데 그걸 가져올걸."

소라가 산호 등을 툭 치며 말했다.

"김산호! 너 계속 실없는 소리 할 거야?"

"미안, 미안!"

크랩이 미션 노트를 보여 주며 끼어들었다.

"띠리리릭! 그만 다툴 것! 잠수정을 타기 전에 오늘 해결해야 할 과제들 먼저 알아봐야 함."

"알았어, 알았다니까."

산호와 소라가 툴툴거리며 대꾸했다.

과제 1 해양 탐사 방법 알아보기
과제 2 세계의 잠수정
과제 3 우리나라의 심해 무인 잠수정

오전 8시, 태평양 바다는 눈부신 태양 빛을 받아 반짝이며 넘실대고 있었다. 산호와 소라는 설레는 표정으로 갑판에 서 있었다. 둘은 과학 교과서의 한 페이지를 장식할 역사적인 탐사를 앞두고 있는 것이다. 준비를 마친 샤크 박사도 갑판으로 나와 승무원들에게 인사를 했다.

샤크 박사가 사다리를 내리고 크랩과 함께 잠수정 돌핀5000 안으로 들어가서 운전석에 앉았다. 산호와 소라도 승무원들을 향해 두 손을 흔들고는 뒤따라 들어왔다.

"생각보다 아주 좁은걸."

산호가 중얼거리며 주위를 둘러보았다. 잠수정 안은 각종 계기판과 전자 장비, 카메라와 비디오 장비로 가득 차 있었다.

"덜컥!"

의자에 앉자 안전띠가 자동으로 채워졌다.

"드르륵!"

돌핀5000의 해치가 닫혔다. 모선 장보고호와 돌핀5000의 교신이 계속되고 있었다. 그때 잠수정이 갑자기 공중으로 붕 뜨자, 소라가 놀란 표정을 지으며 말했다.

"마치 케이블카 타는 것 같아."

잠수정이 마구 흔들리자 산호가 소리쳤다.

"아이고, 어지러워!"

갑자기 장보고호가 눈앞에서 사라지고, 태평양 심해 여행이 시작되었다. 크랩이 말했다.

"띠리리릭! 드디어 바다 탐사 시작! 약간 흥분됨."

산호가 수온계를 보며 보고서에 24℃라고 적었다. 수심을 알려 주는 전자 계기판의 빨간 숫자가 순식간에 늘어났다.

산호와 소라는 둥근 창으로 물속 풍경을 보느라 정신이 없었다. 수심 180m에 이르자 파란색이던 물 빛깔이 검푸른 색으로 바뀌었다. 태양

빛이 아주 희미하게 느껴지더니 순식간에 깜깜한 세상이 되었다.

"박사님! 온통 암흑 세계예요. 여기서부터 심해인가요?"

소라가 흥분을 가라앉히고 질문했다.

"그래, 해양학에서 심해는 수심 200m가 넘는 바다로, 햇빛이 거의 도달하지 못하는 곳을 말하지. 이걸 기준으로 하면 전체 바다의 약 78.5%가 심해인 셈이야."

소라가 갑자기 이를 딱딱 부딪치며 덜덜 떨었다.

"추워요!"

산호가 재빨리 수온계와 수심계를 측정했다. 어느새 수심은 1000m, 수온은 3℃로 잠수정 안이 추워지기 시작했다.

샤크 박사가 간단히 점심을 먹자고 했다.

"애들아, 밥부터 먹자. 목표 지점인 해저 바닥에 도착하면 4~5시간 동안 탐사해야 하니까 식사할 시간이 없단다."

도시락을 먹고 나자 산호가 주저하며 말을 꺼냈다.

"박사님, 저…… 급한 볼일이 있어요."

"벌써? 아침에 음료수를 많이 마시더라."

소라가 핀잔을 주었다.

"할 수 없군. 플라스틱 통을 이용해라. 자, 모두들 돌아앉자."

"쏴아아!"

소라는 눈을 감고 두 손으로 귀도 막았다.

산호가 볼일을 보고 나서 소라에게 귓속말을 했다.

"너 이번 일은 친구들한테 절대 비밀이야."

소라가 깔깔 웃으며 대답했다.

"걱정 마. 심해 잠수정에서 볼일 본 어린이는 대한민국, 아니 전 세계에서 너밖에 없을걸."

소라의 말에 산호는 어깨를 으쓱했다.

크랩이 소화도 시킬 겸 실력 테스트를 권했다.

> **알쏭달쏭 강 바다 실력 테스트**
>
> 1. '해미래'는 우리나라에서 개발한 심해 무인 잠수정으로, 바닷속 6000m까지 잠수할 수 있다. **(참, 거짓)**
> 2. 《해저 2만리》는 프랑스 작가 생텍쥐페리의 과학 소설이다. **(참, 거짓)**
> 3. 최초로 세계 일주 항해에 성공한 사람은 콜럼버스이다. **(참, 거짓)**
> 4. '애퀄렁'은 잠수할 때 등에 메는 수중 호흡 기계로, 여기서 나오는 압축 공기로 숨을 쉴 수 있다. **(참, 거짓)**

수심 1500m에 이르자 레이더에서 뭔가를 감지한 듯했다. 샤크 박사의 신호에 따라 소라가 라이트를 켰다.

"찰칵!"

두꺼운 유리 너머로 거대한 검은 물체가 꼼짝 않고 드러누워 있었다.

"띠리리릭! 배가 있음. 난파선임."

누워 있는 물체를 가장 먼저 알아차린 건 크랩이었다.

여기저기 조각난 잔해들과 부러진 돛대도 보였다. 어떤 것은 산호로 덮여 있었고, 어떤 것은 모래흙이 덮여 있었다. 바닥에는 나무 상자와 대포알, 금속 물체, 그릇 등이 흩어져 있었다.

난파선을 구경하고 있을 때 어디선가 이상한 기계음이 들렸다. 샤크 박사가 소리 나는 쪽으로 라이트를 비추자, 해파리 모양을 닮은 잠수정이 커다란 로봇 팔로 난파선 안의 물건을 쓸어 담고 있는 게 보였다.

산호가 깜짝 놀라 외쳤다.

"아니, 저게 뭐예요?"

크랩이 파란 눈알을 반짝이며 집게발을 마구 휘둘렀다.

"띠리리릭! 세모 선장 출현, 세모 선장!"

산호와 소라의 입이 떡 벌어졌다.

"세모 선장?"

해파리 잠수정의 창을 통해 세모 선장 모습이 드러났다. 역삼각형의 얼굴이 기분 나쁜 웃음을 짓고 있었다. 벌어진 입술 사이로 금니가 번쩍거렸다.

샤크 박사의 목소리가 가늘게 떨렸다.

"세모 선장! 바다는 지구인 모두의 재산이야. 난파선의 보물을 훔치고, 바다 광물을 마구잡이로 캐내서 팔아먹고, 멸종 위기에 놓인 바다 동물을 사냥하는 행동은 용서할 수 없어!"

세모 선장은 박사의 말을 듣고 해파리 잠수정의 방향을 바꾸더니 속력을 내어 사라졌다.

크랩이 집게발을 휘둘렀다.

"띠리리릭! 세모 선장 도주, 도주!"

소라가 다급한 목소리로 말했다.

"박사님! 쫓아가서 세모 선장의 코를 납작하게 해 주세요!"

"소라야, 지금은 시간이 없어. 오늘의 과제를 수행해야 해. 그리고 세모 선장은 무기를 가지고 있을 거야. 우리 힘만으로 섣불리 덤볐다간 위험할 수 있단다."

돌핀5000은 다시 심해저 여행을 계속했다.

바다 밑 여행을 시작한 지 2시간이 지난 오전 10시 10분이 되자, 수심계는 4700m를 가리켰다. 돌핀5000은 해저 5000m에 착륙 준비를 하면서 가라앉는 속도를 점점 늦췄다.

……4997, 4998, 4999…….

수심계의 빨간 숫자가 드디어 5000m를 가리켰다. 모두들 숨을 죽였다. 태평양 심해저 바닥엔 무엇이 있을까?

샤크 박사가 신호를 보내자 소라가 잠수정의 라이트를 켰다.

실력 테스트 정답 1. 참 2. 거짓(《해저 2만리》의 작가는 쥘 베른)
3. 거짓(최초로 지구 일주 항해에 성공한 사람은 마젤란) 4. 참

과제 1   해양 탐사 방법 알아보기

    사람들은 옛날부터 바닷속 탐험을 꿈꿔 왔다. 하지만 물속에서는 숨을 쉴 수 없고, 깊이 내려갈수록 수압이 높아지기 때문에 장비 없이 바닷속 깊이 들어갈 수 없었다. 1943년 프랑스 사람인 쿠스토와 가냥은 압축 공기를 이용한 자급식 호흡 기계인 '애퀄렁'을 발명하여 잠수 기술 발전에 큰 영향을 미쳤다. 오늘날 잠수부들은 '애퀄렁'을 메고 바닷속으로 들어가며, 잠수복을 입고 잠수할 수 있는 안전한 깊이는 약 40m이다. 잠수정을 타면 더 깊은 곳까지 들어가서 관찰할 수 있고, 사람이 타지 않는 무인 잠수정은 더 깊은 곳까지 조사가 가능하다.

    사람이 직접 들어가지 않고 배를 타고 바다로 나가 여러 가지 관측 기기(지형 탐사기, 수심 측정기, 지층 탐사기, 위성 통신 장치, 자동 항법 장치 등)로 탐사할 수도 있으며, 인공위성으로도 넓은 지역의 해양 변화를 관찰할 수 있다.

이건 꼭 알아 두자!
해양 탐사의 방법에는 배를 타고 바다로 나가 여러 가지 관측 기기를 이용하여 탐사하는 방법, 잠수정으로 심해에 들어가 해저 지형이나 생물 자원 등을 조사하는 방법, 인공위성으로 넓은 영역의 해양 자료를 얻는 방법이 있다.

과제 2 세계의 잠수정

1960년 미국의 유인 잠수정 트리에스테호는 가장 깊은 바다인 태평양 마리아나 해구에서 수심 1만 911m까지 내려갔다.

미국의 잠수정 앨빈호는 1964년 이래로 수천 번의 잠수에 성공했다. 1985년 대서양에서 침몰한 여객선 타이타닉호를 발견한 것으로 유명해졌으며, 최대 10시간 동안 4500m까지 잠수할 수 있다.

프랑스는 1984년 수심 6000m까지 잠수할 수 있는 심해 유인 잠수정 노틸호를 만들었다. 노틸호는 심해 탐사와 더불어 해저 통신 케이블 점검, 환경 오염 방지, 영화 촬영 등 다양한 활동을 펼치고 있다.

러시아에도 수심 6000m까지 들어갈 수 있는 미르Ⅰ, 미르Ⅱ가 있다.

일본의 신카이6500은 수심 6500m까지 잠수할 수 있다.

중국의 자오룽은 2012년 7062m까지 잠수에 성공했고, 하이더우 1호는 마리아나 해구에서 1만 907m까지 내려갔다.

최근에는 다양한 형태의 무인 잠수정이 등장하여 위험한 환경 속에서도 심해 탐사를 수행하고 있다.

이건 꼭 알아 두자!

잠수정은 해양 석유 개발과 대륙붕 탐사, 표본 채집, 자원 개발, 심해 생물 연구, 지질 연구, 해저 케이블 설치와 수리, 해양 오염 제거 등에 활용되고 있다.

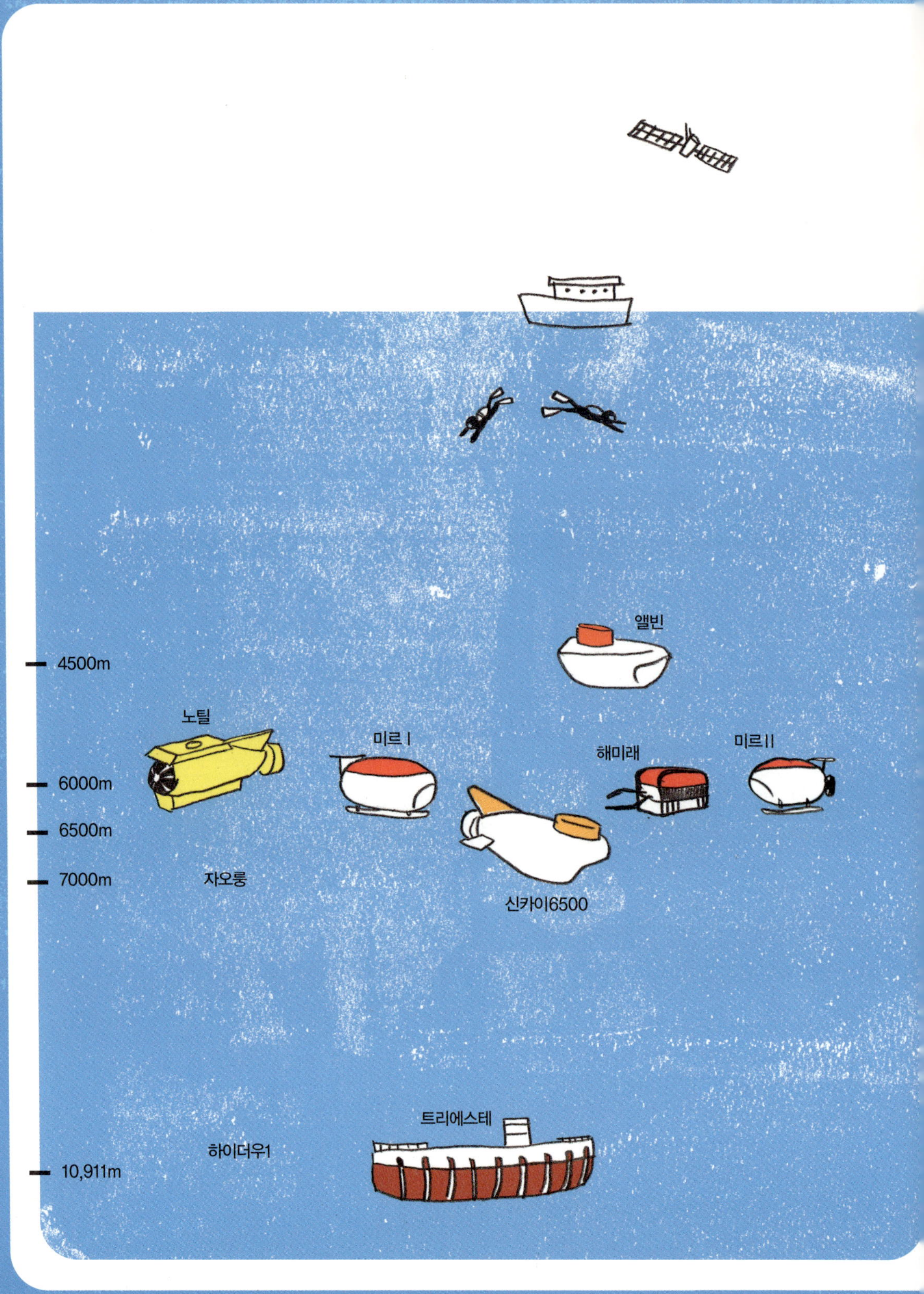

앨빈
4500m
노틸
미르 I
해미래
미르 II
6000m
6500m
7000m
자오룽
신카이6500
트리에스테
하이더우1
10,911m

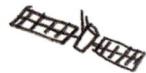

과제 3 우리나라의 심해 무인 잠수정

우리나라는 2006년에 미국, 일본, 프랑스에 이어 세계에서 네 번째로 심해 6000m까지 들어갈 수 있는 무인 잠수정을 개발했다. 이름은 '해미래'로, '바다(海)의 미래'라는 뜻이 담겨 있다.

해미래는 로봇 팔 2개와 카메라 장비, 음파 탐지기를 비롯한 각종 측정 장비가 달려 있어서 바다 자원 탐사 및 생물과 퇴적물 채집 등을 수행한다. 해미래는 원격 조정 잠수정으로, 모선인 온누리호에 실려 탐사에 이용되고 있다.

이건 꼭 알아 두자!
해미래는 6000m급 심해 무인 잠수정으로, 우리 기술로 만들어졌다.

강 바다 생생 토크

잠수정은 바닷속을 어떻게 오르내릴까?

🧒 잠수정이 어떻게 바다 깊은 곳까지 내려가는지 궁금해요.

👦 과거의 잠수정은 줄로 모선에 연결되어 있었어. 그래서 모선이 파도와 바람에 흔들리면 잠수정이 따라서 흔들렸기 때문에 위험했단다. 1940년대와 1950년대에 걸쳐 새로운 잠수정이 만들어졌는데, 줄로 연결되지 않아 자유롭고 안전했어. 무엇보다도 잠수정 스스로 목표 지점에 내려앉을 수 있게 되었지.

👧 어떻게 모선과 연결되지 않고 오르락내리락하는 거죠?

👦 잠수정에 추를 충분히 실어서 그 무게로 잠수를 해. 목표 지점에 가까워지면 추의 일부를 버리면서 무게와 부력의 균형을 잡은 다음 멈춘단다.

가라앉지도 뜨지도 않게 한 다음 돌아다니며 조사를 하지. 작업이 끝나면 추를 더 버려서 몸체를 가볍게 만들어 떠올라. 추에는 무게가 정확하게 표시되어 있단다.

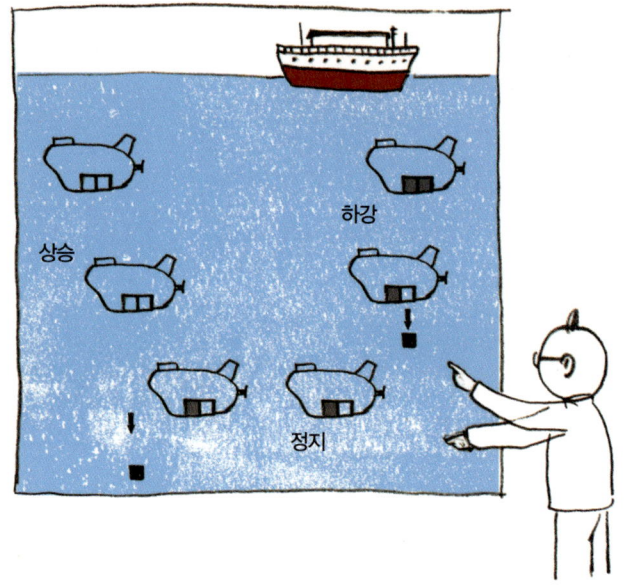

잠수정과 잠수함의 차이

🧒 잠수정과 잠수함은 같은 건가요?

👦 바닷속을 다니는 배에는 잠수정과 잠수함이 있지. 이름도 비슷하고, 기능도 비

슷해 보이지? 잠수정과 잠수함을 구분하는 정확한 기준은 없지만, 잠수정은 보통 40t 안팎의 크기에 1~5명이 탈 수 있을 정도를 말하고, 과학적인 조사와 탐사를 목적으로 쓰여. 반면에 잠수함은 군사적인 목적으로 바닷속을 다니는 함정이야. 몇십 명의 사람이 몇 달 동안 지낼 수 있도록

크고 넓지. 러시아의 타이푼급 핵 잠수함은 세계에서 가장 거대한 잠수함이야. 길이가 172m나 되고 3~4개월 동안 잠수할 수 있지.

수중 탐사 물고기 로봇

🧑 박사님, 최근 여러 나라에서 앞다투어 물고기 로봇을 개발하고 있대요.

👨 물고기 로봇은 1995년에 미국에서 처음 개발했어. 참치 모양을 본뜬 로봇인데, 물고기처럼 지느러미를 이용해서 물속을 헤엄쳤지. 우리나라에서도 서울대학교 조선해양공학과 연구팀이 물고

기 로봇 '로피'를 개발했어. 물속에서 헤엄치다가 장애물을 만나면 스스로 방향을 바꿀 수 있고 미로 찾기도 할 수 있는 로봇이지. 물고기 로봇은 물속에 묻힌 폭탄을 찾는 등 군사적인 분야에서 활용도가 높아. 또 잠수정이 출입하기 어려운 해저 탐사의 임무를 수행하고 환경 오염 추적 등의 활동을 할 수 있지.

제7장
뜨거운 물이 샘솟는 열수 분출공

라이트를 켜자 초록색, 푸른색 물감을 알맞게 섞어 놓은 듯한 빛 너머로 태평양 5000m 바닥이 서서히 모습을 드러내기 시작했다.

"아!"

바짝 긴장하여 마른침만 꼴깍꼴깍 삼키던 산호가 탄성을 질렀다.

"물 빛깔 좀 보세요! 옥색이랄까, 꼭 할머니 비취 반지 색깔이에요."

샤크 박사도 심해의 아름다움에 미소를 지으며 대답했다.

"어떠냐? 참으로 아름답지? 이곳은 심해 평원이란다. 넓고 평평한 지형이지."

소라가 잠수정 창문에 코를 박고 내다보았다.

"정말 바다 밑에도 땅 위의 들판과 같은 곳이 있군요."

바닥을 자세히 살펴보니 모래 바닥에 검은 자갈 같은 게 잔뜩 널려 있었다. 그 사이로 무언가 기어간 흔적도 남아 있었다.

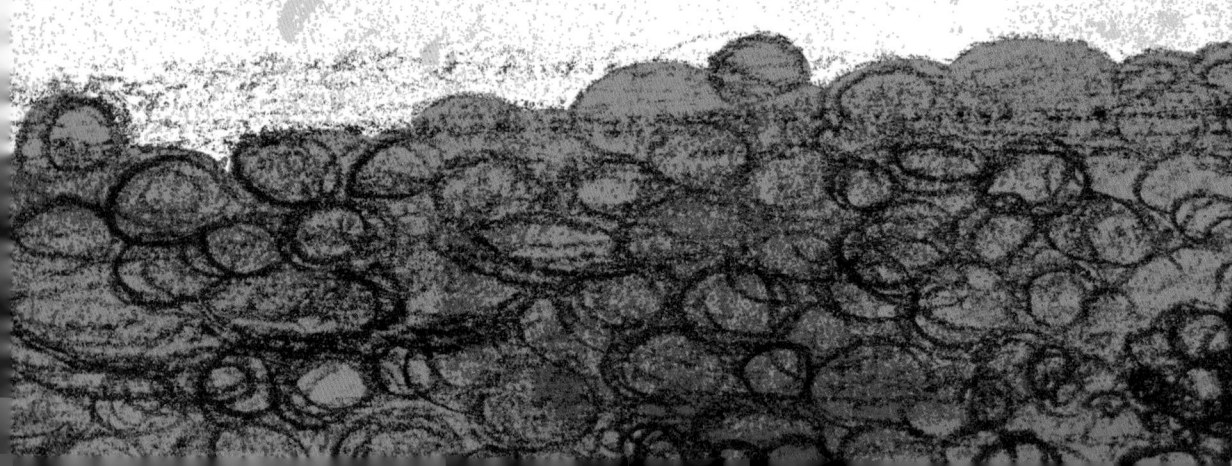

"망간 단괴 밭이야."

샤크 박사의 말에 소라가 대뜸 물었다.

"지난번 고래 뼈에 붙어 나온 광물 자원 말이에요?"

"그래! 오늘은 미션 노트를 빨리 보여 줘야겠구나. 이것부터 살펴보고 심해 탐사 임무를 시작할까?"

산호와 소라는 눈을 동그랗게 뜨고, 미션 노트를 함께 펼쳤다.

> 과제 1 깊은 바다에는 어떤 생물이 살까?
> 과제 2 망간 단괴와 메탄 하이드레이트 조사하기
> 과제 3 독특한 생태계 심해 열수 분출공

산호와 소라가 미션을 살펴보는 사이에 샤크 박사가 말했다.

"자, 망간 단괴부터 채집해 보자. 로봇 팔 작동 개시!"

"윙! 드르륵!"

기계음과 함께 잠수정의 로봇 팔이 지름 10cm 정도 되는 망간 단괴를 집어서 용기에 담았다.

"띠리리릭!"

크랩이 망간 단괴가 흩어져 있는 바닥을 바라보다가 집게발을 휘둘렀다. 산호와 소라가 동시에 크랩을 쳐다봤다.

"무슨 일이야?"

"띠리리릭! 바닥에 깊게 파인 자국 보임!"

샤크 박사가 혀를 끌끌 찼다.

"세모 선장이 몇 년 전 망간 단괴를 몽땅 쓸어 가려고 기계를 끌었다는데, 그 자국이 여태까지 남아 있구나."

산호가 주먹을 불끈 쥐었다.

"세모 선장은 바다를 해치는 악당이에요! 바다는 어느 한 사람 것이 아니라 우리 모두의 보물이란 걸 모르나 봐요."

소라도 고개를 끄덕이며 말했다.

"또 세모 선장과 마주치면 밧줄로 꽁꽁 묶어 경찰에 넘겨요!"

샤크 박사가 아이들을 진정시켰다.

"자, 세모 선장 일은 잠시 잊고 탐사를 계속해야지. 이번엔 해저 퇴적물 채집! 로봇 팔 작동 개시!"

국자 모양의 로봇 팔이 퇴적물을 쓸어 담았다.

호기심 많은 소라가 물었다.

"박사님, 모래나 펄과 같은 심해 퇴적물은 어떻게 생겨요?"

"심해저에는 먼지처럼 가볍고 작은 물질이나 생물체들의 잔해, 바닷물 속에 녹아 있는 성분으로부터 만들어진 물질이 쌓인단다. 오랜 세월 동안 심해저 밑바닥에 퇴적물이 쌓이고 쌓여 시루떡처럼 층을 이루지. 이렇게 쌓인 퇴적물은 과거의 기후나 환경 변화를 밝혀내는 데 아주 중요한 역할을 해."

"그럼 로봇 팔이 쓸어 담은 퇴적물엔 지구의 역사가 담겨 있겠네요?"

"물론이야. 퇴적물 몇십 센티미터 속에 몇만 년의 역사가 담겨 있어. 심해저에 퇴적물이 쌓이는 속도는 아주 느리니까."

그때 크랩이 산호와 소라에게 말했다.

"띠리리릭! 실력 테스트 시간이 돌아옴."

> **알쏭달쏭 강 바다 실력 테스트**
>
> 1. 망간 단괴는 바닷속의 광물질이 암석 조각에 붙어 자라난 것이다. **(참, 거짓)**
> 2. 심해 퇴적물에는 생물이 파 놓은 구멍이나 기어다닌 흔적이 있다. **(참, 거짓)**
> 3. 깊은 바다에 사는 심해아귀는 입 위에 난 길쭉한 돌기에서 빛을 내어 먹이를 불러들인다. **(참, 거짓)**
> 4. 빛이 없는 심해에서는 식물이 살 수 없다. **(참, 거짓)**

다음 과제는 심해 생물 관찰과 촬영이었다.

"이렇게 빛이 들어오지 않는 곳에 생명체가 있을까요?"

산호가 고개를 갸우뚱하며 묻자 샤크 박사가 말했다.

"직접 살펴보자꾸나!"

"넵!"

돌핀5000은 해저 바닥을 돌아다니며 생물을 찾아 움직였다. 바닥에 흩어진 망간 단괴 사이로 뭔가 기어간 흔적도 보이고, 송송 뚫린 구멍도 보였다. 구멍 주위에 흙이 솟아 올라온 곳도 눈에 띄었다.

"야호! 나타났어요. 몸이 투명한 생물체 발견!"

산호가 처음 생물체를 발견하고 환호성을 지르자, 샤크 박사가 웃으며 대답했다.

"해삼이야! 육지에서 초고추장 찍어 먹던 해삼과 빛깔이 완전히 다르지? 해삼은 심해저를 천천히 기어다니며 퇴적물을 빨아들여서 그 속에 있는 유기물을 먹어. 심해 바닥 여기저기에 흔적을 남기는 주인공이지."

산호는 재빨리 카메라 셔터를 눌러 댔다.

잠수정 창밖으로 하얀 거미불가사리, 헤엄치는 갯지렁이, 말미잘도 보였다. 바닷가에서 관찰한 것과는 모양도 크기도 다르고, 몸이 투명하거나 흰색이 많았다.

그 가운데 커다랗고 기다란 물체가 눈에 들어왔다.

"고래 뼈예요!"

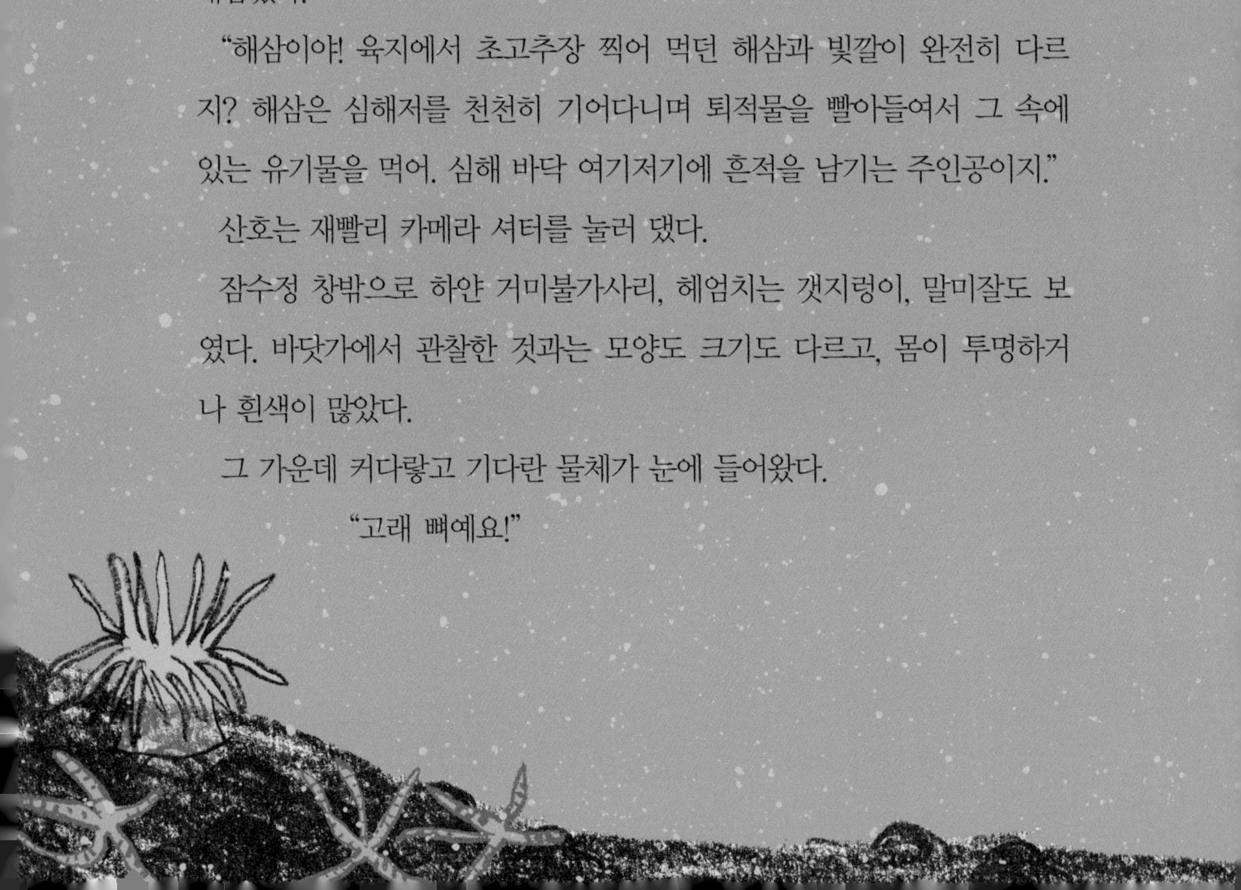

장보고호에서 고래 뼈를 본 적이 있어서 산호와 소라는 금세 알아차렸다.

이번엔 해저 바닥에 있는 날카롭고 뾰족한 삼각형 모양의 하얀 물체를 로봇 팔이 들어올렸다. 유심히 들여다보던 샤크 박사가 말했다.

"상어 이빨이야."

산호가 탄성을 질렀다.

"우아! 상어 이빨이라고요?"

"깊은 바다에서 쉽게 볼 수 있어. 상어는 뼈가 연한 연골어류거든. 죽으면 다른 건 다 없어지고 가장 단단한 이빨만 남는단다."

크랩이 파란 눈알을 반짝이며 말했다.

"띠리리릭! 사람은 죽어서 이름을 남기고, 상어는 죽어서 단단한 이빨을 남김."

방향을 바꿔 심해 바닥을 탐사하는 잠수정 앞에 갑작스레 검은 연기가 솟구쳤다. 연기가 순식간에 잠수정을 감싸 안았다. 깜짝 놀란 소라가 말했다.

"앗! 무슨 일이에요? 또 세모 선장인가요?"

샤크 박사의 음성이 떨렸다.

"브, 블랙 스모커야. 열수 분출공! 세계에서 가장 깊은 곳에 있는 열수 분출공을 지금 발견한 것 같구나."

샤크 박사는 서둘러 잠수정을 돌려 연기가 솟는 곳으로 가까이 다가갔다. 검은 굴뚝에서 뜨거운 용액이 검은 연기처럼 솟구쳤다. 수온을 확인해 보니 400℃였다.

열수 분출공 주변엔 긴 대롱처럼 생긴 거대한 관벌레와 30cm나 되어 보이는 대합, 하얀 게 등 온갖 이상하게 생긴 생물이 총출동한 듯 우글우글거렸다.

흥분된 목소리로 샤크 박사가 말했다.

"저기 바닷속 밑바닥에 굴뚝처럼 솟아오른 게 보이지? 바로 열수 분출공이야. 화산 활동으로 열을 받은 뜨거운 물이 해저의 틈으로 솟구치는 거지. 400℃나 된단다."

소라가 열심히 받아 적으며 물었다.

"400℃나 되는데, 어떻게 물이 끓지 않아요?"

"높은 수압 때문에 고온이지만 물이 끓지 않는 거란다."

산호도 호기심 가득한 표정으로 물었다.

"어떻게 열수 분출공 주변에 생물이 살 수 있어요?"

"좋은 질문이야. 빛이 없는 심해에선 식물의 광합성 작용이 불가능해. 그 대신 황화 박테리아가 뜨거운 물속에 있는 황화수소를 에너지원으로 유기물을 만들어 생산자 역할을 한단다. 이 박테리아가 다른 생물의 먹이가 돼 주어 나름대로 먹이 사슬이 만들어진 거야. 그래서 열수 분출공 주위엔 다른 심해보다 아주 많은 생물이 살고 있지."

소라의 눈빛이 초롱초롱 빛났다.

"놀라워요. 특이한 환경에서 독특한 생태계가 만들어졌네요."

샤크 박사가 고개를 끄덕이며 이야기했다.

"몇 년 전 탐사 때 거대한 관벌레를 채집했단다. 그 녀석들은 입도 소화 기관도 없었지. 길이가 2m나 되는 하얀 관처럼 생긴 몸속에 박테리아가 우글거리며 살고 있었어. 과학자들은 먼 옛날 지구 최초의 생명체가 탄생했던 원시 지구의 환경과 이곳의 환경이 비슷하지 않을까 짐작하고 있단다. 햇빛도 없고 수압이 엄청나며, 유독성 가스로 가득 찬 험악한 환경에서 생물이 존재한다는 건 참 놀라운 일이야."

산호가 계속해서 열수 분출공과 주변 생물들을 촬영했다. 관벌레의 빨간색 아가미가 춤추는 것처럼 흔들렸다. 관벌레 아래엔 수백 개의 홍합과 대합들이 뒤덮여 있었다.

"우리가 최초의 발견을 하다니 감격스러워!"

산호와 소라는 싱글벙글 웃음을 멈추지 못했다.

크랩이 말했다.

"띠리리릭! 아쉽지만 이제는 물 위로 올라갈 시간임."

소라가 시간과 온도를 확인했다. 오후 3시, 수온은 1℃.

샤크 박사가 장보고호와 서너 차례 교신을 주고받은 다음 잠수정에 매달고 있던 추를 떼어 버렸다. 잠수정은 서서히 물 위로 떠올랐다.

실력 테스트 정답 1. 참 2. 참 3. 참 4. 참

완성! 산호와 소라의 미션 노트

과제 1   깊은 바다에는 어떤 생물이 살까?

　수심 200m까지의 얕은 바다에는 식물과 그 식물을 먹고 사는 수많은 동물이 살고 있다. 수심 200m 이상의 심해에는 햇빛이 희미하거나 아주 없기 때문에, 식물이 살지 못하고 동물이 대부분이며 유기물을 분해하는 세균류가 많다.

　깊은 바닷속 생물들은 심해 환경에 알맞은 몸 구조를 하고 있다. 높은 수압을 견디기 위해 대부분의 물고기는 부레가 없고, 대신 몸 안에 기름이 있어서 뜨고 가라앉는 걸 조절한다. 또한 빛이 거의 없거나 아예 없기 때문에 눈이 발달하거나, 반대로 퇴화한 종류가 많다. 또한 스스로 빛을 내는 종류도 많다. 먹이가 부족하기 때문에 자신보다 몸집이 큰 먹이를 잡을 수 있도록 커다란 입과 날카로운 이빨도 있다.

이건 꼭 알아두자!
심해에 사는 동물들은 동물 플랑크톤, 물고기 따위의 시체나 배설물을 먹고 산다.

과제 2 망간 단괴와 메탄 하이드레이트 조사하기

　망간 단괴는 수심 4000m 이하 심해저 바닥에서 발견되는, 망간을 주성분으로 하는 흑갈색 덩어리이다. 지름 3~25cm 정도의 감자 모양이다. 망간 단괴 속에는 망간, 철, 니켈, 코발트, 구리 등 40여 가지 광물질이 섞여 있으며, 전기, 통신, 자동차, 항공 우주 등 첨단 기술 산업의 원료로 쓰인다. 망간 단괴는 바닷물에 녹아 있는 금속 성분이 심해 퇴적물 위에 가라앉아 형성된 광물 덩어리로, 퇴적물 위의 돌멩이나 상어 이빨, 고래 귀뼈 등을 중심으로 나이테처럼 동심원을 이루면서 성장한다. 100만 년에 몇 밀리미터 정도로 더디게 자라는 아주 귀한 자원이다.

　또한 겉보기에는 드라이아이스와 비슷하지만 불을 붙이면 불꽃을 내며 타는 것이 있다. 바로 '불타는 얼음'으로 불리는 메탄 하이드레이트이다. 바다의 미생물이 썩으면서 나오는 메탄가스가 물과 결합하면 얼음이 된다. 이 얼음이 녹으면 천연가스로 사용할 수 있는 메탄이 물과 함께 발생한다. 바닷속은 압력이 높고 온도가 낮기 때문에 메탄 하이드레이트가 만들어지기에 좋은 환경이다. 전체의 약 98%가 해저에 묻혀 있으며 우리나라는 울릉도와 독도 주변에 많이 묻혀 있다. 메탄 하이드레이트는 연소할 때 생기는 이산화탄소의 양이 석유나 석탄의 절반도 안 된다.

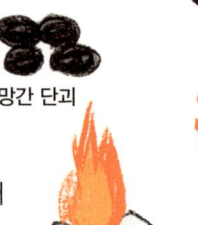
망간 단괴
메탄 하이드레이트

망간각
심해저 열수 광상

이건 꼭 알아 두자!
심해저 광물 자원은 수심 500~6000m 사이에 있는 광물 자원으로 망간 단괴, 망간각, 메탄 하이드레이트, 심해저 열수 광상 따위가 있다.

과제 3 독특한 생태계 심해 열수 분출공

중앙 해령과 해구 지역은 화산 활동이 활발하다. 화산 활동이 활발한 지역에서는 해저 지각에 틈새가 발달한다. 이 틈으로 흘러든 차가운 바닷물이 해저 밑으로 스며들고, 마그마의 열로 데워져서 350~400℃ 정도의 뜨거운 열수로 바뀌어 검은 연기처럼 솟아나는 곳이 바로 열수 분출공이다.

열수는 긴 굴뚝에서 솟구치는데, 이 굴뚝은 열수에 녹아 있는 여러 가지 금속 성분이 가라앉아 만들어진 것으로 큰 것은 지름 1m, 높이가 30m에 이르는 것도 있다. 열수 분출공 주변에는 황화수소를 이용하는 박테리아와 눈먼새우, 관벌레, 거대한 흰게, 대합 등 다양한 생물이 모여 생태계를 이룬다. 또한 열수 분출공 주변은 금, 은, 구리, 아연 등 금속 광물이 묻혀 있는 광상 지대로, 매장량이 엄청난 것으로 알려져 있다.

이건 꼭 알아 두자!

해저 산맥, 즉 해령을 따라 열수 분출공이 발견되고 있다. 열수 분출공 주변에는 다양한 생물이 모여 살며, 식물에 의존하지 않는 독특한 생태계를 이룬다.

최초로 발견된 심해 열수 생물

열수 분출공 주변의 생태계가 어떻게 알려지게 되었나요?

지금부터 40여 년 전의 일이야. 1977년에 과학자들은 미국의 유인 잠수정 앨빈호를 타고 태평양 갈라파고스섬 주변을 탐사했지. 해저 산맥의 갈라진 틈을 조사하다가 검은 연기를 내뿜는 열수 분출공을 발견했어. 350°C가 넘는 뜨거운 물이 솟는 곳 주변에 길이 2~3m나 되는 관벌레와 수많은 갯지렁이, 대합과 게 종류 그리고 많은 물고기들이 살고 있었단다.

열수 분출공은 뜨겁고 유독한 가스가 나와서 생물이 살 수 없을 것 같은데 정말 신기하군요.

열수 분출공의 발견은 또 다른 궁금증을 불러일으켰고, 연구를 계속해서 그 비밀을 알아냈어. 바로 심해 미생물이야. 태양 에너지가 미치지 않는 심해에서는 식물 대신 1차 생산자 역할을 하는 무언가가 필요하겠지? 해저 화산 활동으로 뿜어져 나오는 황화수소를 이용해서 영양 물질을 만드는 박테리아가 열수 분출공 주변 생태계의 1차 생산자였던 거야. 먹이 사슬이 모두 식물에 의존하지 않는다는 사실을 깨닫게 된 대단한 발견이었지. 너희들도 바다의 궁금증을 계속 풀어 본다면 놀라운 발견을 할지도 몰라.

그런데 열수 분출공에서 왜 검은색 연기가 솟아나

요? 혹시 매연 아니에요?

하하하! 열수에 녹아 있는 광물질 성분 때문에 그렇게 보여. 검은 연기처럼 솟는 건 황화 광물 때문이야. 하얀 연기처럼 솟는 곳도 있는데 흰색은 규산염 광물 때문이지. 그러니까 해저 광산 공장에서 광물 자원을 만들고 있는 광물 온천이라고 할 수 있어. 이걸 '해저 열수 광상'이라고 불러.

무궁무진한 바다 자원, 해양 심층수

해양 심층수로 만든 생수, 소금, 화장품 등 해양 심층수 제품들이 인기를 끌고 있는데, 해양 심층수는 어떤 물인가요?

해양 심층수는 햇빛이 도달하지 않는 수심 200m 깊이 아래에 있는 바닷물이야. 유기물이나 병원균이 거의 없고, 1년 내내 2℃ 이하로 안정된 저온을 유지하고 있지. 민물이나 대기로부터 떨어져 있기 때문에 오염 물질이 섞이지 않아서 깨끗하단다. 또한 칼슘이나 마그네슘 같은 미네랄(광물질)이 풍부하게 녹아 있어. 그래서 식품, 농수산, 의료 분야에서 활용되고 있지.

우리나라 바다의 해양 심층수도 활용되고 있나요?

물론이지. 동해의 심층수는 전 세계가 알아주는 청정 자원이야. 2008년부터 고성, 속초, 양양, 울릉도 등에서 해양 심층수를 이용한 음료, 술, 화장품을 만들고 산업화를 추진하고 있지. 해양 심층수는 앞으로 해양 온도 차 발전, 냉난방 등의 에너지원으로서도 주목받을 거야.

제8장
바다의 괴물, 대왕오징어를 만나다

 잠수정의 추를 떼어 버리자 수심계 숫자가 빠르게 줄어들었다. 돌핀 5000이 모선 장보고호까지 올라가는 데 걸리는 시간은 1시간 40분 정도로 예정되어 있었다.
 잠수정이 떠오른 지 얼마 안 되어 샤크 박사가 라이트를 켰다. 하얀 눈이 내리고 있었다. 바닷속에 눈보라가 치는 것 같았다.
 산호와 소라가 놀라 박수를 쳤다.
 "우아, 눈이 내려요!"
 샤크 박사가 미소를 지으며 말했다.
 "정말 멋지지? '바다 눈'은 심해에서 만나는 신비로운 광경 가운데 하나야. 바다 위쪽에 사는 동식물의 사체 부스러기나 동물 배설물 따위가 눈처럼 떨어져 내리는 거지. 바다 눈은 깊은 바다에 사는 동물의 먹이가 되고, 해저 평원을 구성하는 물질이 된단다."
 소라는 바다 눈을 감상하며 말했다.
 "바다 눈은 아래로 내리면서 바다 중간에 사는 동물들에게 먼저 먹히겠어요."
 "바다 중간층에 사는 동물은 떨어지는 먹이를 낚아채야 하지만, 심해 바닥에 사는 동물은 기다리기만 하면 돼. 아까 본 해삼 기억나지? 그 녀석들은 심해 바닥을 기어다니기만 하면 먹이를 얻을 수 있단다."

샤크 박사는 말을 끝내고 미션 노트를 내밀었다. 심해저 탐사 임무를 끝낸 산호와 소라는 가벼운 마음으로 노트를 받아 들었다.

과제 1 플랑크톤이란 무엇일까?
과제 2 바다의 먹이 사슬
과제 3 고래상어는 고래일까, 상어일까?

"악!"

산호가 창문을 가리키며 비명을 질렀다. 모두들 잠수정 창을 바라봤다. 커다란 눈알이 잠수정 안을 뚫어져라 바라보고 있었다. 눈알이 꼭 배구공만 했다.

"띠리리릭!"

크랩이 집게발을 휘둘렀다.

"대왕오징어 출현! 지구상에서 가장 큰 무척추동물!"

샤크 박사가 흥분을 감추지 못했다.

"대왕오징어를 찾기 위해 심해를 샅샅이 뒤지는 과학자도 있는데, 드디어 소문으로만 듣던 녀석을 만났구나. 이건 행운일지 몰라!"

거대한 눈알이 잠수정 창문에서 사라졌다. 순간 잠수정이 휘청했다.

"꽈당!"

소라는 머리를 잠수정 천장에 들이받고 말았다.

"아얏, 내 머리! 무슨 일이에요?"

샤크 박사가 답했다.
"대왕오징어가 다리로 잠수정을 감싸고 있군."
몸을 공벌레처럼 웅크리고 있던 산호가 물었다.
"네? 그럼 우린 어떻게 돼요? 잡아먹히나요?"
운전대를 좌우로 조종하며 샤크 박사가 말했다.
"대왕오징어는 몸길이가 엄청나. 보아하니 긴 다리로 잠수정을 단단히 감싼 것 같구나. 하지만 오징어는 위험한 동물이 아니야. 지금까지 오징어 때문에 죽었다고 알려진 사람은 없으니까."
소라는 여전히 겁에 질려 물었다.
"그런데 왜 잠수정을 친친 감아요?"

"띠리리릭! 내가 알려 주겠음."

종명	대왕오징어(별명은 '바다의 괴물')
분류	연체동물(뼈가 없이 몸이 흐물흐물함.)
다리	10개(이 가운데 2개가 김. 긴 다리는 먹이 잡을 때와 짝짓기 할 때 쓰임. 다리를 쫙 펴면 10m.)
크기	약 18m까지 자람. 몸무게는 약 200kg.
먹이	새우, 작은 물고기
천적	향유고래(1000m까지 쉽게 잠수할 수 있으며, 이빨은 20cm나 됨.)

크랩이 찾아온 자료를 보고 소라는 안심이 되었다.
"그럼 대왕오징어가 우리를 짝으로 착각하고 있는 거야?"
산호가 맞장구쳤다.
"맞아! 저 녀석이 수컷이면, 우리는 암컷?"
그때였다. 잠수정 가까이 검은 그림자가 드리웠다. 거대한 물체의 그림자가 나타나자 대왕오징어가 스르르 감은 다리를 풀었다.
크랩이 눈자루를 길게 빼고 잠수정 창밖을 살피며 말했다.
"띠리리릭! 대왕오징어 갑자기 사라짐."
샤크 박사가 고개를 끄덕였다.
"그랬군. 향유고래가 다가왔구나!"
산호와 소라가 흥미진진한 얼굴로 말했다.
"향유고래요?"

"어서 보고 싶어요!"

샤크 박사가 잠수정을 조종하자 창밖으로 회색 빛깔의 향유고래가 보였다. 거대한 사각형 머리를 보고 산호가 배꼽을 잡으며 웃었다.

"킥킥! 향유고래도 나처럼 '얼큰이'야. 머리가 몸의 1/3은 되는 것 같아."

향유고래는 배가 고팠는지 대왕오징어를 쫓아 곧 사라졌다.

돌핀5000은 다시 위로 올라가고 있었다. 크랩이 산호와 소라에게 질문했다.

"띠리리릭! 산호와 소라! 오징어는 물고기인지 아닌지 말해 볼 것."

소라가 재빨리 대답했다.

"네가 아까 오징어는 뼈 없는 연체동물이라고 했잖아. 당연히 오징어는 물고기가 아니야. 물고기는 척추동물이니까."

크랩이 말했다.

"띠리리릭! 소라 정말 똑똑함. 그럼 오징어는 지느러미가 있는지 말해 볼 것."

이번엔 산호가 대답했다.

"오징어도 물고기처럼 지느러미가 있어. 흔히 머리나 귀라고 부르는 게 오징어의 지느러미라고!"

"띠리리릭! 산호도 똑똑함. 수면 위까지 여행하는 동안 바다 생물 실력 테스트 시작함."

"좋아, 좋아!"

알쏭달쏭 강 바다 실력 테스트

1. 바다의 1차 생산자는 식물 플랑크톤이다. **(참, 거짓)**
2. 지구상에서 가장 큰 동물은 흰긴수염고래로, 몸길이가 30m 정도이다. **(참, 거짓)**
3. 상어는 포유동물이다. **(참, 거짓)**
4. 불가사리는 팔이 잘려도 다시 자란다. **(참, 거짓)**

산호가 수심계를 확인하고 있을 때 갑자기 쿵쾅쿵쾅 기계음이 들렸다. 샤크 박사가 소리 나는 쪽으로 라이트를 비추었다.

해저산 비탈진 곳에 땅속에 구멍을 파는 시추기가 고정되어 있었다. 여러 개의 커다란 기둥과 관들이 연결되어 있고, '세모 선장 바다 광물 자원 주식회사'라는 글씨가 선명하게 새겨진 거대한 로봇 집광기도 눈에 띄었다.

소라와 산호가 번갈아 외쳤다.

"세모 선장 바다 광물 자원 주식회사라고?"

"저 기계는 해저산에 구멍을 뚫고 뭘 하는 거야? 그리고 저 로봇은 대체 뭐지?"

"띠리리릭! 시추기로 바다 밑바닥과 바위를 뚫어서 망간각을 모으고 있음. 로봇 집광기는 망간 단괴를 채집할 때 쓰이는 로봇임. 세모 선장은 바다 자원을 몰래 캐내고 있음."

샤크 박사가 혀를 끌끌 찼다.

"드디어 세모 선장의 범행 현장을 목격하게 되었군. 어서 해저 경찰에

도움을 청해야 할 텐데……."

 산호는 카메라로 바다 자원을 불법으로 채취하는 현장을 열심히 찍으며 말했다.

 "박사님! 어떻게 하죠?"
 "산호야, 일단 카메라를 잘 보관하고 있거라! 잠수정 배터리가 거의 떨어졌으니 어서 장보고호로 올라가서 방법을 찾아보자."
 잠수정은 내려올 때보다 더 빨리 수면 위로 올라갔다. 어느새 물빛이 남색으로 바뀌기 시작했다. 수심계는 200m를 가리키고 있었다. 산호와 소라는 점점 밝아지는 물 빛깔을 바라보며 환하게 웃었다.
 갑자기 잠수정이

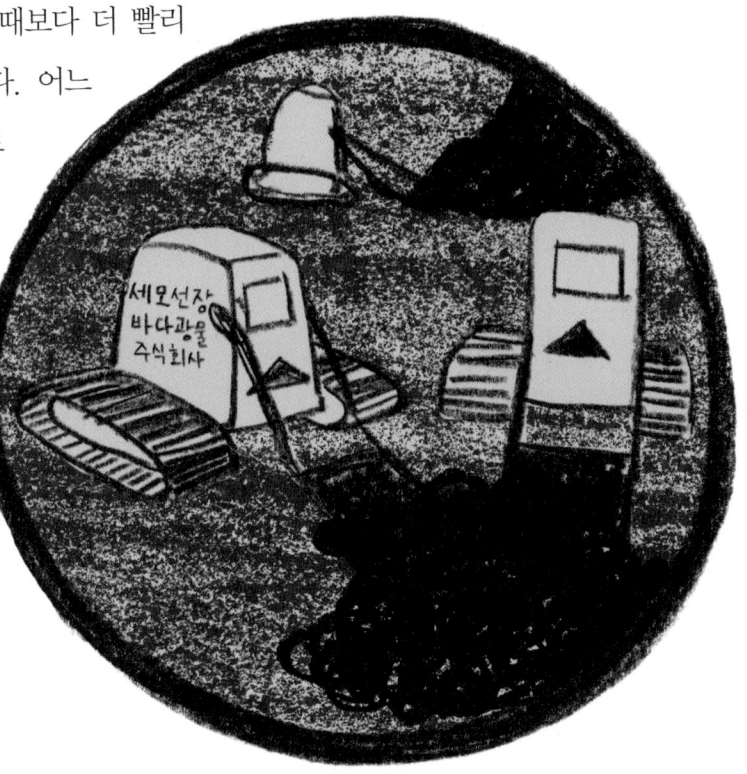

좌우로 심하게 흔들렸다.
산호가 손으로 입을 막고 눈을 꼭 감았다.
"우웩! 속이 메슥거려!"
"또 대왕오징어예요?"
소라가 눈을 동그랗게 뜨며 말하는 순간, 잠수정이 수면 위로 둥실 떠올랐다.
오후 4시 40분. 태평양의 물결은 잔잔했다. 잠수부들이 고무보트를 타고 와서 잠수정에 장보고호의 케이블을 연결했다.
"위잉!"
시끄러운 기계음이 울리고 잠수정이 흔들거리더니 잠시 후 돌핀5000이 장보고호에 가볍게 내려앉았다.
마지막 교신이 오간 다음 샤크 박사가 잠수정의 해치를 열었다. 산호와 소라는 귀가 멍멍해져서 입을 크게 벌렸다. 사다리를 타고 배 위에 내린 뒤 샤크 박사가 산호와 소라를 부둥켜안았다.
"잘 해냈다. 정말 자랑스러워!"
산호와 소라는 기쁨에 겨워 얼굴이 빨개지고 눈물이 찔끔 나왔다.

"박사님! 감사합니다."
"태평양 바닷속을 영원히 잊지 못할 거예요."
"띠리리릭! 크랩 아주 행복함!"
산호와 소라는 크랩의 집게발과 힘차게 악수했다.
"띠리리릭! 왕복 1만 m의 태평양 심해 여행. 여행 시간은 약 8시간 40분! 대한민국 어린이가 다녀온 첫 번째 기록. 해양 탐사 역사에 길이 남을 것임."
크랩의 말에 산호와 소라는 손을 맞잡고 펄쩍펄쩍 뛰었다.

실력 테스트 정답
1. 참 2. 참 3. 거짓(상어는 물고기) 4. 참

완성! 산호와 소라의 미션 노트

과제 1 플랑크톤이란 무엇일까?

플랑크톤은 물에 떠다니는 생물로, 그리스어로 '방랑자'라는 뜻의 '플랑크토스'에서 유래됐다. 플랑크톤은 식물 플랑크톤과 동물 플랑크톤으로 나뉜다. 식물 플랑크톤에는 규조류, 남조류, 녹조류 등이 있고, 동물 플랑크톤에는 원생동물, 강장동물, 절지동물, 그리고 대부분의 물고기 알이나 어린 물고기 등이 속한다. 한편 성게, 게, 불가사리처럼 어릴 때만 플랑크톤으로 지내는 것도 있다.

플랑크톤의 크기는 머리카락 굵기보다 훨씬 작은 것에서부터, 지름이 1m가 넘는 해파리까지 다양하다. 대부분은 아주 작아서 눈에 보이지 않고 현미경으로 볼 수 있다.

식물 플랑크톤은 엽록소가 있어서, 햇빛을 이용하여 광합성을 하고 스스로 양분을 만든다. 식물 플랑크톤은 동물 플랑크톤을 비롯한 수많은 바다 생물의 먹이이며, 바다 생태계 순환의 기본이 된다.

이건 꼭 알아두자!
플랑크톤은 식물 플랑크톤과 동물 플랑크톤으로 나뉜다.

식물 플랑크톤은 우리가 숨 쉴 때 필요한 산소를 만들어 내는데, 그 양이 지구 전체 산소량의 약 절반이다.

과제 2 바다의 먹이 사슬

식물 플랑크톤은 스스로 양분을 만들고, 동물 플랑크톤은 식물 플랑크톤을 먹는다. 식물 플랑크톤과 동물 플랑크톤은 작은 바다 동물이나 작은 물고기가 먹고, 작은 물고기는 큰 물고기가 먹고, 큰 물고기는 상어나 고래, 또는 바다표범에게 먹힌다. 이렇게 바다에 사는 생물도 먹이 사슬로 이어져 있고, 복잡한 먹이 그물을 만든다.

종류에 따라서는 아주 간단한 먹이 사슬도 있다. 예를 들어 덩치 큰 흰긴수염고래는 동물 플랑크톤 종류인 크릴을 먹는다.

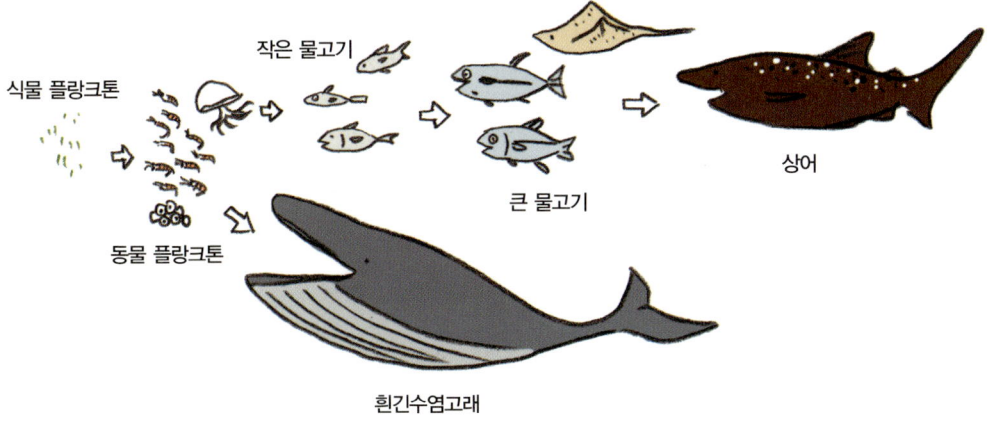

이건 꼭 알아 두자!

바다 먹이 사슬의 기본은 플랑크톤이다. 바다 생물이 모두 플랑크톤을 먹지는 않지만, 많은 바다 생물이 먹이 사슬을 통해 플랑크톤에 기대어 산다.

과제 3 고래상어는 고래일까, 상어일까?

고래는 바닷속을 헤엄치는 물고기처럼 생겼지만 젖먹이동물(포유동물)에 속한다. 고래는 아가미가 없어서 허파로 숨을 쉬기 때문에, 공기를 들이마시기 위해 종종 물 위로 떠오른다. 물 위로 올라온 고래들은 머리 위에 난 숨 구멍으로 숨을 들이쉰다. 물속에 사는 동물 대부분이 알을 낳는 반면에 고래는 새끼를 낳아 젖을 먹여 키운다.

상어는 바닷물고기로, 아주 빨리 헤엄칠 수 있고 날카로운 이빨을 가지고 있다. 물고기나 바다표범을 잡아먹고, 다른 상어를 잡아먹기도 한다.

고래상어는 고래가 아니라 상어다. 몸길이가 최대 18m까지 자라며, 몸집이 상어 가운데 가장 커서 고래상어라는 이름이 붙었다. 성질이 온순하며, 엄청나게 큰 입으로 플랑크톤만 먹고 산다.

이건 꼭 알아 두자!
고래상어는 지구상에 존재하는 가장 큰 물고기다.

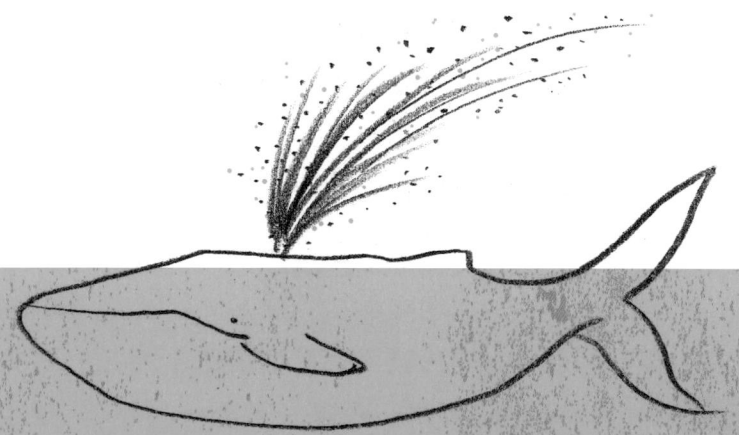
흰긴수염고래(약 30m)

고래상어(약 18m)

백상아리(약 6m)

바다 식물 이야기

🙂 박사님, 바닷말에 대해 설명해 주세요.

🧑‍🔬 바닷말은 해조류라고도 부르지. 해조류는 대부분의 식물과 달리 뿌리, 줄기, 잎의 구분이 없어. 뿌리와 비슷한 부착기를 만들어 바위나 바다 밑바닥에 달라붙어 자란단다. 부착기는 붙잡는 역할만 할 뿐, 뿌리처럼 물이나 양분을 흡수하지는 않지.

👧 밥상에 오르는 미역, 다시마, 김은 해조류지요?

🧑‍🔬 그렇지, 바다는 수심이 깊어질수록 햇빛의 양이 적어지기 때문에 해조류는 깊이에 따라 빛깔이 달라. 얕은 물에선 파래와 청각 같은 녹조류, 조금 깊은 데선 미역과 다시마 같은 갈조류, 더 깊은 곳에선 김, 우뭇가사리 같은 홍조류가 자라지. 해조류에는 각종 영양소가 골고루 들어 있단다. 게다가 바다 식물은 광합성을 해서 산소를 만들어 내는 아주 귀중한 존재지.

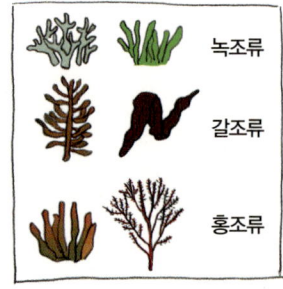

👧 박사님 혹시 마크로키스티스도 보셨나요?

🧑‍🔬 그 속에서 헤엄도 쳤지. 미국 캘리포니아 연안의 마크로키스티스는 길이가 60m에 이르는 가장 큰 해조류야. '자이언트 켈프'라고도 하지. 다시마 숲을 상상해 봐! 이 거대한 해조류는 수많은 물고기들의 보금자리이자 바다표범이나 돌고래의 먹이란다.

이것이 마크로키스티스!

버뮤다 삼각 지대의 비밀

😀 수많은 비행기와 배가 버뮤다 삼각 지대에서 흔적 없이 사라진 까닭은 뭐예요? 설마 대왕오징어 때문은 아니겠죠?

👨 버뮤다 삼각 지대는 버뮤다섬과 미국 플로리다반도의 마이애미, 그리고 푸에르토리코를 잇는 삼각형 모양의 지역이야. 지난 몇십 년 동안 그곳에서 100척 이상의 배와 비행기, 많은 사람들이 순식간에 사라져서 '마의 삼각 지대'라고도 불리지.

👧 외계인이 납치했다는 얘기도 있고, 토네이도 같은 공기 터널에 빨려 들어갔다는 주장도 있어요.

👨 실종 사건을 설명하려는 여러 가지 가설이 있어. 그 가운데 대서양의 깊은 바닥에서 메탄가스가 나와 거대한 거품을 발생시킨다는 최근 이론이 설득력 있게 받아들여지고 있지. 실제로 버뮤다 삼각 지대 해저를 조사한 결과, 엄청난 양의 메탄가스가 고압 상태에서 얼음 형태로 존재한다고 밝혀졌단다.

😀 아, 메탄 하이드레이트 말이군요?

👨 맞아. 해저에서 발생한 메탄가스가 수면으로 떠오르면서 급속히 팽창하고 거대한 메탄 거품이 생기지. 이때 거품 안으로 배가 들어가면 갑자기 부력을 잃고 침몰하게 된단다. 메탄가스가 공중으로 솟구치면 비행기 엔진은 폭발을 일으키고 추락하게 되지. 이런 현상은 구조 신호를 보낼 새도 없이 순식간에 벌어진단다. 너희들이 버뮤다 삼각 지대의 비밀을 과학적으로 밝혀 보면 어떻겠니?

제9장
산호초 속 비밀 동물원

이튿날 아침 산호와 소라는 갑판에 올라와서 두 팔을 번쩍 들고 바다 위의 신선한 공기를 마셨다. 크랩도 집게발을 흔들었다.

"며칠 뒤면 하와이 제도에 도착할 거다!"

샤크 박사의 말에 산호와 소라는 좋아서 입을 다물 줄 몰랐다.

"하와이에서 맛있는 해산물도 먹고, 와이키키 해변도 거닐어요."

"스쿠버 다이빙도 해요!"

샤크 박사가 말했다.

"빨리 땅에 발을 딛고 싶겠지만 그 전에 보여 주고 싶은 게 있단다."

소라가 물었다.

"뭔데요?"

"산호초!"

산호의 두 눈이 왕방울만 해졌다.

"정말요? 잠수해서 관찰하는 거예요?"

"그럼! 하와이 제도는 하와이, 마우이, 니하우 등 8개의 섬과 100개가 넘는 작은 섬들로 이뤄졌어. 하와이섬이 가장 크고, 마우이섬이 두 번째로 큰 섬인데 해안을 따라 아름다운 산호초가 펼쳐져 있단다. 거길 탐사할 거야."

"김산호가 산호초를 탐사한다! 잘 빠진 몸매와 물개 같은 수영 솜씨를 소라 앞에서 뽐내야지. 헤헤헤!"

소라가 산호를 보며 고개를 절레절레 흔들더니 샤크 박사에게 물었다.

"박사님, 하와이는 화산 폭발로 생긴 섬이죠?"

"그렇지, 하와이 제도의 섬들은 모두 화산섬이야."

크랩이 끼어들었다.

"띠리리릭! 하와이에는 에베레스트산보다 높은 산이 있음. 알아맞혀 볼 것!"

산호가 눈을 깜박거리며 말했다.

"에베레스트산보다 더 높은 산은 없어."

소라가 수첩을 뒤적이며 말했다.

"난센스 퀴즈구나. 하와이섬의 마우나케아 화산 맞지?"

"띠리리릭! 정답! 마우나케아산은 대부분 물 아래에 잠겨 있고, 물 위로 솟은 부분이 4205m인데 그게 바로 하와이섬임. 해저에서부터 산 정상까지 약 1만 m이므로 8848m인 에베레스트산보다 높은 셈."

산호와 소라가 퀴즈를 푸는 사이에 샤크 박사가 자리를 뜨면서 미션 노트를 건넸다.

> **과제 1** 산호는 동물일까, 식물일까?
> **과제 2** 산호가 하얗게 변하는 이유
> **과제 3** 해저 화산이 섬이 되기까지

하와이 제도를 향하는 3일 내내 비가 내렸다. 지루해하는 산호와 소라에게 크랩은 실력 테스트를 하자고 했다.

알쏭달쏭 강 바다 실력 테스트

1. 산호초는 파도나 쓰나미로부터 연안을 지켜 주는 방파제 역할을 한다. **(참, 거짓)**

2. 바다가 오염될수록 산호가 잘 산다. **(참, 거짓)**

3. 호주 북동 해안에 있는 그레이트배리어리프는 세계에서 가장 큰 산호초로 달에서도 보인다. **(참, 거짓)**

4. 화산섬은 하룻밤 사이에 생길 수도 있다. **(참, 거짓)**

"육지다!"

아침이 밝아 오면서 마우이섬이 어슴푸레 모습을 드러냈다. 장보고호를 탄 지 20여 일 만에 가까이서 보는 커다란 육지였다. 산호와 소라, 크랩은 서둘러 다이빙 장비를 챙겼다.

"준비됐으면 고무보트로 옮겨 타렴!"

고무보트가 지나는 맑고 투명한 태평양 바다 아래로 울긋불긋한 바위로 만든 벽처럼 생긴 것이 눈에 들어왔다.

샤크 박사가 산호에게 물었다.
"산호는 식물일까, 동물일까?"
"저요? 저는 동물이지요."
"하하하, 너 말고 바닷속 산호 말이야."
산호가 자신만만한 목소리로 대답했다.
"식물로 착각하기 쉽지만 산호는 동물이죠. 말미잘이나 해파리랑 같은 무리에 속해요. 산호초는 폴립이라고 부르는 산호 벌레가 죽어서 잔뜩 모여 만들어진 거고요."
"잘 알고 있구나. 그럼 산호초 탐험을 시작하자!"
차례차례 고무보트 밖으로 뛰어내렸다. 산호와 소라는 능숙한 솜씨로 물속을 가르며 샤크 박사와 크랩을 따라갔다. 잠수복에는 마이크, 헤드폰이 달려 있어서 물속에서도 대화를 할 수 있었다.
햇빛이 잘 들고 깨끗한 물에서 잘 자란다는 산호가 형형색색의 빛깔로 펼쳐져 있었다. 사슴뿔 모양, 나뭇가지 모양, 뇌 모양 등 갖가지 모양의 산호가 눈부시게 아름다웠다.
말미잘과 흰동가리, 성게와 불가사리, 커다란 뱀장어와 문어, 쏠배감펭 등 산호초에서 살아가는 수많은 생물도 북적거렸다.

"난 여기서 희귀 산호를 촬영할 테니 주변을 천천히 관찰해 보렴."
샤크 박사가 수중 카메라를 들고 산호 사진을 찍기 시작했다.
"저기 바다거북이다! 알을 낳으려고 고향에 가나 봐."
소라가 바다거북을 뒤쫓아 헤엄쳤다.
"나도 같이 가!"
"띠리리릭! 나도 따라감!"
산호와 크랩도 따라갔다.
바다거북이 산호와 소라를 힐끔 쳐다보다가 지나가는 해파리를 맛있게 먹었다. 아이들은 바다거북을 따라 한참을 헤엄쳐 가다가 커다란 쇠창살 우리와 맞닥뜨렸다.
"아니, 이게 뭐야?"
돌고래와 듀공, 잔점박이물범과 바다거북이 갇혀 있는 우리에는 팻말이 붙어 있었다.
'세모 선장 바다 동물원'

산호가 큰 소리로 외쳤다.

"세모 선장 바다 동물원이라고? 희귀한 바다 동물을 가두고 못된 짓을 하다니!"

소라도 맞장구쳤다.

"아니, 바닷속에 동물원을 만들어서 어쩌겠다는 거야?"

"띠리리릭! 세모 선장 혼자만을 위한 동물원임. 이렇게 동물을 잡아다가 밀수업자들에게 큰돈을 받고 팔아넘기고 있음!"

크랩이 슬픈 눈빛의 돌고래를 쳐다보며 말했다.

산호와 소라가 동시에 외쳤다.

"붙잡힌 동물을 우리가 구해 내자!"

그때 어디선가 이상한 기계음과 함께 갈라지고 쉰 목소리가 들려왔다.

"흐흐흐, 세모 선장의 바다 동물원에 온 걸 환영한다!"

크랩이 파란 눈알을 반짝이며 집게발을 마구 휘둘렀다.

"띠리리릭! 세모 선장 출현, 세모 선장!"

곧이어 해파리 잠수정이 나타나고, 운전석에 앉은 세모 선장이 금니를 드러내며 기분 나쁜 웃음을 지었다.

"불쌍한 애송이들! 너희도 동물원에 가두어 주마!"

세모 선장의 잠수정에서 로봇 팔이 나오더니 산호, 소라, 크랩을 순식간에 낚아챘다.

"으악!"

"살려 줘!"

"띠리리릭! 도움 요청!"

세모 선장은 조종석 단추를 눌러 동물원 우리의 문을 열고 산호와 소라, 크랩을 쇠창살 속에 던져 넣었다. 세모 선장이 험상궂은 표정으로 말했다.

"흐흐흐! 꼬맹이들아, 바다 동물원에서 굶어 죽어라!"

"박사님! 도와주세요!"

산호와 소라는 쇠창살을 붙잡고, 있는 힘껏 소리를 질렀다.

"띠리리릭!"

그때 크랩이 집게발을 휘두르며 소리쳤다.

"띠리리릭! 박사님과 해저 경찰 출동!"

샤크 박사가 해저 경찰들과 함께 나타난 것이다.

"세모 선장, 꼼짝 마라!"

샤크 박사가 탄 잠수정 뒤로 귀상어를 닮은 경찰 잠수정이 줄줄이 나타났다.

"바다 생물을 마구 잡아들이고 광물 자원을 훔치는 현장을 드디어 잡았구나."

"박사님!"

"아니, 이럴 수가! 샤크 박사가 경찰과 함께 나타나다니……."

당황한 세모 선장은 콧구멍을 벌렁거리고 금니를 딱딱 부딪치며 화를 냈다. 그러고는 황급히 잠수정을 돌려 도망치려고 했다. 하지만 해저 경찰 잠수정 부대는 세모 선장의 해파리 잠수정을 꽁꽁 에워싸고 있었다.

"아, 안 돼!"

세모 선장은 마지막까지 발버둥을 쳤다. 하지만 결국 태평양의 무법자 세모 선장은 해저 경찰들에게 체포되고, 샤크 박사가 바다 동물원 열쇠를 건네받았다.

"너희들 많이 놀랐지?"

"박사님이 오셔서 다행이에요!"

쇠창살 우리 문이 열리자, 갇혀 있던 바다 동물들이 한꺼번에 쇠창살 밖으로 빠져나왔다. 산호와 소라, 크랩은 동물들이 차례차례 빠져나올 수 있도록 도와주었다.

자유롭게 헤엄쳐 떠나는 동물들을 향해 아이들은 손을 흔들었다.

"안녕, 바다거북! 먼 여행길 조심해."

"안녕, 돌고래! 언제까지나 자유롭게 살아!"

"띠리리릭! 다시는 세모 선장 같은 사람에게 잡히지 말 것!"
크랩도 집게발을 열심히 흔들었다.
샤크 박사는 헤엄쳐 가는 동물들을 보면서 흐뭇한 미소를 지었다.

실력 테스트 정답 1. 참 2. 거짓(바다가 더러워지면 산호가 파괴됨) 3. 참 4. 참

완성! 산호와 소라의 미션 노트

과제 1 산호는 동물일까, 식물일까?

산호는 1년 내내 수온이 20℃ 이상인 따뜻한 열대 바다에 산다. 빛깔이 화려하고 움직임이 거의 없어서 식물로 생각하기 쉽지만, 산호는 동물이다. 산호의 몸은 '폴립'이라고 하는 산호 벌레(산호충)로 이루어졌다. 폴립은 말미잘과 닮았고, 석회질로

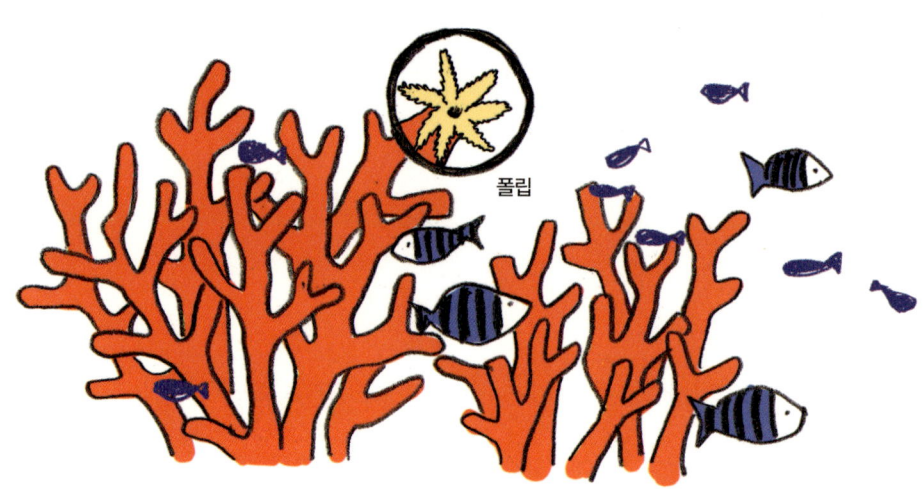

폴립

된 껍데기 속에 들어 있으며 입 둘레에 촉수가 있다. 폴립은 개체로 살기도 하고, 여럿이 모여 군체를 이루기도 한다.

산호 벌레가 죽으면 새로운 산호 벌레가 석회질 껍데기 위에 집을 짓는다. 이렇게 죽은 산호 벌레가 쌓여 생긴 암초가 산호초이다. 산호초는 몸을 숨기기 쉽고, 먹이가 풍부해서 약 2000여 종이나 되는 다양한 생물이 어울려 살아간다. 지상에서는 열대 우림 지역에서 다양한 생물을 발견할 수 있는 것처럼, 바닷속에서는 산호초에서 다양한 종류의 생물을 발견할 수 있다.

이건 꼭 알아 두자!
산호는 동물이다.
가지 끝에 핀 꽃처럼 보이는 것은 폴립, 즉 산호 벌레이다.

과제 2 산호가 하얗게 변하는 이유

산호 벌레의 몸속에는 조류라고 하는 단세포 식물이 살고 있다. 조류가 여러 가지 색을 띠기 때문에 산호도 울긋불긋 여러 가지 빛깔을 띤다.

산호와 함께 사는 조류는 광합성을 하면서 산호 벌레에게 산소를 공급해 주는데, 이러한 조류가 산호를 떠나게 되면 하얀색으로 바뀐다. 이런 현상을 '산호의 백화 현상'이라고 한다.

질병이나 염분 변화, 바다 오염 등 백화 현상을 일으키는 요인은 여러 가지가 있지만, 지속적인 수온 증가가 가장 큰 원인으로 꼽힌다. 산호 벌레 속의 조류들은 수온이 평년보다 1~2℃만 높아져도 산호를 떠난다.

이건 꼭 알아 두자!
지구 온난화로 수온이 올라가면 산호가 하얗게 변해 죽어 가는 백화 현상이 일어난다.

과제 3   해저 화산이 섬이 되기까지

섬은 여러 가지 원인으로 생겨난다. 해저 화산이 분출하여 바다 표면으로 솟아서 만들어진 화산섬도 있고, 해안 지역의 일부가 파도나 빙하의 침식을 받아서 육지에서 떨어져 나온 섬도 있다.

화산섬은 바다 밑 화산이 폭발해서 만들어진 섬으로, 용암이 두껍게 쌓여 물 위로 솟아올라 만들어진다. 화산섬은 하루 사이에 생길 수도 있고, 물 밑으로 가라앉아 사라질 수도 있다. 새로 생긴 땅이 식고 나면 수많은 생물들이 살게 된다.

1963년, 대서양 아이슬란드 남쪽 바다에서 화산이 폭발하여 갑자기 쉬르트세이 섬이 탄생했다. 이 섬은 얼마 지나지 않아 높이 60m, 길이 0.5km 정도의 모습을 갖추었다. 화산 폭발이 일어난 후 용암이 계속 흘러나오면서 섬은 계속 커져서, 3년 만에 높이 173m, 길이 2.6km에 이르게 되었다.

이 섬은 탄생 때부터 보호를 받으며 천연 실험실로써 연구에 이용되고 있다. 1964년부터 과학자들은 새로 생긴 화산섬에서 어떻게 생물이 정착하는지 관찰하며 연구를 계속하고 있다.

이건 꼭 알아 두자!
제주도, 울릉도는 화산섬이다.

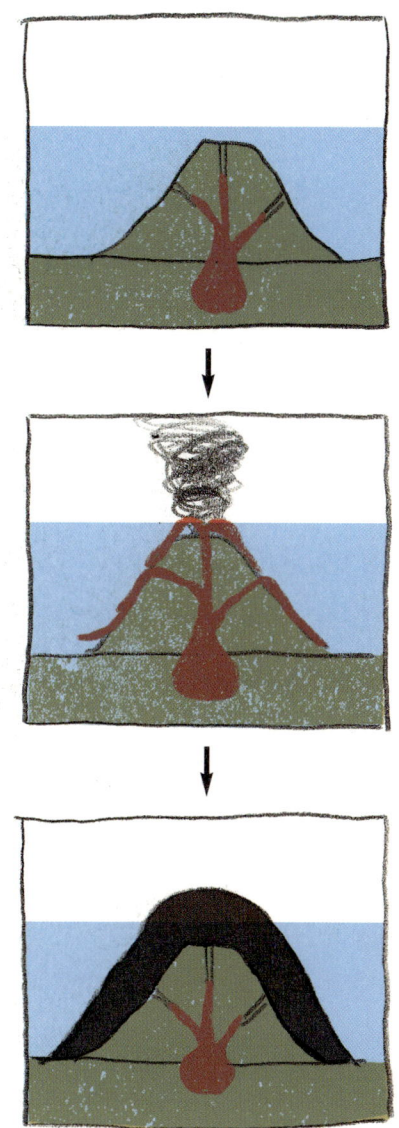

강 바다 생생 토크

세계 최대의 산호초, 그레이트배리어리프

🧑 달에서도 보인다는 거대한 산호초가 있다면서요?

👨 그레이트배리어리프는 오스트레일리아 북동 해안을 따라 2000km이상 뻗어 있는 거대한 산호초 석회암 성벽으로, '대보초'라고도 해. 생명체가 만든 지구 최대의 구조물이지. 달에서도 보일 정도니까! 이렇게 어마어마한 산호초도 실은 아주 작은 산호 벌레들이 모여 만든 거야. 그레이트배리어리프에는 멸종 위기종을 비롯한 다양한 생물이 살고 있어서 1981년 유네스코 세계 자연 유산으로 지정됐단다.

🧑 우리나라 바다에서도 산호초를 볼 수 있나요?

👨 제주도 서귀포 앞바다는 우리나라에서 기후가 가장 따뜻하고, 쓰시마 난류가 흐르기 때문에 많은 종류의 산호가 살고 있지. 그다음으로 남해에 많이 살고, 동해와 황해에도 10여 종의 산호가 살아. 하지만 우리나라 바다에서는 산호초를 볼 수 없어. 산호초는 수온이 연중 20℃ 이상 되어야 만들어지는데, 제주도 남쪽 바다도 겨울에는 12℃까지 내려가기 때문에 산호초가 생길 수 없거든.

고려 시대에 폭발한 화산섬, 비양도

🧑 우리나라에서 가장 최근에 생긴 화산섬은 뭐예요?

👨 제주특별자치도 한림읍 북서쪽에 비양도라는 작은 섬이 있어. 《신증동국여지승람》에는 고려 목종 5년인 1002년 6월, 제주 바다 한가운데서 산이 솟아 나왔는데, 산꼭대기에서 구멍 4개가 뚫리고 5일 동안 붉은 물이 흘러나온 다음 그 물이 엉겨

기왓돌이 되었다는 기록이 있단다.

와, 신기해요! 그럼 비양도는 고려 시대 때 화산 활동으로 생긴 섬이네요.

또 다른 주장도 있어. 비양도 암석을 측정해 본 결과 약 2만 7000년 전에 생겼다는구나. 그땐 해수면이 지금보다 80m쯤 아래에 있었어. 그러니까 비양도는 육지에서 만들어진 화산이고, 비양도가 탄생한 다음 해수면이 높아져 섬이 됐다는 거지.

그럼 비양도는 정확히 언제 생긴 거예요?

섬 탄생 역사를 밝히기 위해서는 더 많은 연구가 필요하단다. 현재 비양도에는 높이 114m의 비양봉과 2개의 분화구가 있어. 고인돌처럼 생긴 거대한 화산탄 등 화산 폭발의 흔적이 섬 곳곳에 남아 있지. 화산탄은 화산이 폭발할 때 분출한 마그마 덩어리가 바닥에 떨어져 생긴 거야. 너희들도 기회가 있으면 비양도에 들러서 섬을 둘러보렴.

비양도의 화산 폭발 흔적들

제10장
새로운 바다 탐험

장보고호가 대한민국의 나리항을 떠난 지 25일째 되는 날이었다.

뱃머리는 하와이 제도의 주도인 호놀룰루를 향하고 있었다. 오아후섬 남동쪽에 위치한 호놀룰루는 하와이 정치 경제의 중심지이며 수많은 관광객들로 북적대는 곳이다.

산호가 넓디넓은 바다를 바라보다가 쌍안경을 가져와서 살피기 시작했다.

"저게 뭐지?"

소라도 산호의 쌍안경으로 수평선을 관찰했다.

"화물선에서 기름이 샜나 봐!"

"큰일났네! 저대로 두면 바다가 금세 오염될 텐데……."

"기름이 퍼지는 걸 막으려고 오일펜스를 쳤어. 한번 유출된 기름은 완전히 없앨 수 없는데……."

산호와 소라는 화물선에서 기름이 샌 걸 보고 가슴이 철렁했다. 몇 년 전 서해안 태안 앞바다에서 유조선과 해상 크레인이 충돌하여 엄청난 양의 기름이 바다를 뒤덮은 끔찍한 사건이 생각났다. 그때 산호와 소라 가족들이 자원봉사자로 참가해서 해안가 바위에 낀 기름 덩어리를 청소한 적이 있었다.

"띠리리릭! 바다를 지키기 위해선 실수란 있을 수 없음."

"맞아! 기름이 바다에 흘러들면 바다 생물이 숨을 쉴 수 없고, 바닷새도 새까만 기름을 뒤집어쓰고 죽게 돼. 게다가 갯벌과 해양 생태계도 파괴된다고!"

산호는 얼굴까지 벌게져서는 흥분했다. 그때 샤크 박사가 방으로 들어오더니 산호의 어깨를 두드렸다.

"산호가 이제 바다를 지키는 용사가 되었구나. 기특하다!"

칭찬을 듣고 겸연쩍었는지 산호는 머리를 긁적였다.

"여기 마지막 미션이란다. 바다 오염과 미래 에너지에 대한 것들을 조사하다 보면 많은 공부가 될 게다."

샤크 박사는 미션 노트를 건네주고 밖으로 나가려다 다시 돌아보며 이렇게 말했다.

"참, 곧 호놀룰루 항구에 닿을 거야. 여기서 하룻밤 자고, 내일 대한민국으로 출발할 예정이란다. 도착하기 전에 최종 보고서 제출하는 것 잊지 말고!"

"네! 알겠습니다."

샤크 박사는 미소를 지으며 방을 나갔다.

산호와 소라는 마지막 미션 노트를 펴 보았다.

> **과제 1** 바다를 위협하는 오염 원인에는 무엇이 있을까?
> **과제 2** 지구 온난화는 바다에 어떤 영향을 줄까?
> **과제 3** 미래의 해양 에너지 조사하기

산호는 콧구멍을 벌렁거리며 바다 내음을 실컷 맡았다. 멀리 호놀룰루 항구의 아름다운 모습이 눈에 들어왔다.

"띠리리릭, 잠깐! 마지막 실력 테스트가 남아 있음."

파란 눈알을 반짝이며 크랩이 말했다.

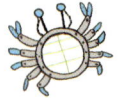

알쏭달쏭 강 바다 실력 테스트

1. 식물 플랑크톤이 대량 증식해서 바닷물이 붉게 변하는 현상을 녹조라고 한다. (참, 거짓)

2. 2007년 기름 유출 사고가 일어난 태안 앞바다는 사람들이 힘을 합쳐 노력해서 1년 만에 생태계가 되살아났다. (참, 거짓)

3. 북극의 얼음이 녹으면 북극곰의 사냥터가 없어진다. (참, 거짓)

4. 생활 하수나 공장 폐수는 강을 통해 바다로 흘러 나간다. (참, 거짓)

마침내 장보고호가 호놀룰루 항구에 도착했다. 샤크 박사는 배에서 탐사 장비를 내리고, 채집한 샘플을 꼼꼼히 챙겼다.

"얘들아, 호텔로 들어가기 전에 여기서 해단식을 하자."

산호와 소라, 크랩이 박사 곁으로 모였다.

"지구에서 가장 높은 산, 에베레스트산 꼭대기에는 여러 사람이 다녀왔지만, 넓고 깊은 바다에 대해서는 아직 알려진 게 별로 없단다. 너희들이 5000m 심해저 탐사를 마친 건 겨우 시작에 불과해. 인류의 미래는 바다에 달려 있으니 앞으로도 바다를 사랑하고, 소중하게 여겨라."

"띠리리릭! 지구에 물이 있다는 건 행운임. 강과 바다를 아끼고 더욱 사랑할 것."

산호와 소라는 가슴이 뭉클했다.

탐사대 일행은 호놀룰루 호텔에서 하룻밤을 보내고, 이튿날 모두 비행기에 몸을 실었다. 비행기에서 내려다본 넓고 푸른 바다는 또다시 가슴을 설레게 했다.

태평양 심해저 탐사를 다녀오고 몇 달이 지났다. 산호와 소라는 샤크 박사, 크랩과 찍은 사진을 책상 위에 올려 두고 틈만 나면 바다에 관한 정보를 모으고 있었다.

"소라야, 빨리 와서 이것 좀 봐!"

모니터를 보며 마우스를 클릭하던 산호가 다급한 목소리로 소라를 불렀다.

"뭔데 호들갑이야?"

"한국강바다연구소에서 배너 광고가 떴길래 클릭했더니 이런 내용이……."

소라는 대수롭지 않다는 듯이 모니터로 눈길을 돌렸다.

"아니, 이건!"

소라의 눈이 동그래졌다.

지구 최초의 바다 탐사 캠프 어린이 참가자 모집!

한국강바다연구소에서는 타임머신 '옥토퍼스'를 타고
약 40억 년 전 지구 최초의 바다를 탐사할 어린이를 뽑습니다.
최초의 바다는 물이 펄펄 끓고, 바닷물 맛은 식초처럼 시큼하며
생명체도 없습니다.
몸과 마음이 튼튼한 대한민국 어린이라면 누구든지 응모할 수 있습니다.

응모 기간 2021. 3. 1~3. 5
응모 방법 한국강바다연구소 홈페이지에서 참가 신청서 다운로드 후 접수
선발 일정 2021. 3. 6~3. 10
  -제1차 체력 및 담력 테스트
  -제2차 필기시험
  -제3차 한국강바다연구소 샤크 박사 인터뷰
  최종 선발된 어린이에게는 샤크 박사와 함께 타임머신을
  타고 40억 년 전으로 돌아가 최초의 바다를 탐사할
  기회를 제공합니다.

*주의 1000만분의 1 확률로 타임머신이 오작동하여 돌아오지 못할 수 있음.
주관 한국강바다연구소
후원 시공퍼스트출판사, ABB방송국

모집 광고를 단숨에 읽은 산호와 소라의 눈에 번쩍 불꽃이 튀겼다. 둘은 서로를 바라보며 씩 웃었다.

실력 테스트 정답 1. 거짓(적조라고 함) 2. 거짓(해양 생태계 회복에 100년 이상이 걸린다는 예상도 있음) 3. 참 4. 참

완성! 산호와 소라의 미션 노트

과제 1 바다를 위협하는 오염 원인에는 무엇이 있을까?

　전 세계 바다 오염 물질의 약 80%가 육지로부터 흘러 들어온 것이다. 가정에서 나오는 생활 하수(음식물 찌꺼기, 합성 세제 등), 농축산 폐수(제초제, 살충제, 가축의 똥오줌 등), 산업 폐수는 강을 통해 바다로 흘러 나간다. 산업 폐수에 들어 있는 중금속은 미생물에 의해 분해되지 않고 생물체의 몸속에 계속 쌓이는데, 특히 수은과 카드뮴 중독이 알려져 있다. 각종 쓰레기와 폐기물, 방사능 물질도 바다를 오염시키고 있다.

　생활 하수를 비롯한 각종 하수가 바다로 흘러들면서 물에 영양 물질이 과잉 공급되어 식물 플랑크톤이 갑자기 늘어나는 부영양화가 일어난다. 그러면 바다가 붉은색으로 바뀌는데, 이것을 '적조'라고 한다. 최근 갯벌이 줄어드는 것도 적조의 원인으로 꼽히고 있다. 갯벌 생물은 물속의 미생물이나 플랑크톤을 먹이로 하여 자연 정화 역할을 해 주고 있기 때문이다. 적조가 발생하면 물 표면을 뒤덮어 햇빛을 가로막아 수생 식물이 죽고, 산소가 부족하여 물속 생물이 떼죽음을 당하기도 한다.

게다가 유조선 사고와 선박 사고로 인한 기름 유출, 먼 바다에서 기름 탱크를 몰래 청소하는 비양심적인 행동 또한 바다를 크게 오염시키고 있다.

이것만은 꼭 알아 두자!
해양 오염의 원인에는 생활 하수, 농축산 폐수, 산업 폐수, 쓰레기와 핵폐기물, 부영양화와 적조, 간척 매립, 기름 유출 사고 등이 있다.

과제 2 지구 온난화는 바다에 어떤 영향을 줄까?

지난 100년 동안 연평균 기온은 0.6℃ 정도 상승했다. 이처럼 지구의 평균 기온이 올라가는 것을 '지구 온난화'라고 한다. 지구 온난화가 일어나는 이유는 편리한 생활을 위해 에너지를 많이 쓰면서 이산화탄소를 비롯한 온실가스가 증가했기 때문이다.

지구 온난화로 가장 눈에 띄게 나타나는 변화는 얼음이 녹는 것이다. 북극과 남극의 거대한 빙하가 녹고 있으며, 높은 산에 쌓인 빙하도 계속 녹아내리고 있다. 이렇게 얼음이 녹으면서 해수면이 높아지는데, 지난 100년 동안 해수면은 20cm 이상 높아졌다. 해수면이 높아지면 낮은 지대의 마을과 도시가 머지 않아 물에 잠길 것이다. 또한 북극곰, 펭귄을 비롯한 여러 동식물이 위험에 빠지게 된다.

이것만은 꼭 알아 두자!
지구 온난화로 빙하가 녹으면 해수면이 높아진다. 해수면이 높아지면 저지대 해안이 물에 잠기게 된다.

과제 3   미래의 해양 에너지 조사하기

석유, 석탄, 천연가스와 같은 화석 연료를 태우면 지구 온난화를 야기하는 이산화탄소가 공기 중으로 배출된다. 게다가 석유는 40년, 천연가스는 60년, 석탄은 200년 정도 지나면 바닥날 것으로 내다보고 있다. 그래서 화석 연료를 대신할 재생 에너지에 대한 관심이 높아지고 있다.

태양 에너지, 풍력 에너지 등은 아무리 써도 없어지지 않는 재생 에너지이며, 이산화탄소를 내뿜지 않는다. 그리고 바닷물을 이용한 재생 에너지원으로는 조력, 파력, 해양 온도 차 등을 꼽을 수 있다. 조력 발전은 밀물과 썰물의 높이 차이를 이용하여 전기를 얻는 것이고, 파력 발전은 파도가 칠 때 생기는 힘으로 전기를 얻는 것이다. 해양 온도 차 발전은 태양열을 흡수하여 데워진 바다 표면과 항상 낮은 온도를 유지하는 깊은 곳의 해수 온도 차이를 이용하여 에너지를 얻는다.

이것만은 꼭 알아 두자!

바다는 무한한 에너지를 갖고 있다. 해양 에너지로는 조력, 파력, 해양 온도 차 발전 등을 들 수 있다.

세계 최대 발전 용량, 시화호 조력 발전소

경기도 안산의 시화호에 국내 최초의 조력 발전소가 가동 중이래요.

하하하! 산호가 해양 에너지에 대한 관심이 많구나. 서해안 밀물 때 시화호로 들어오는 바닷물을 최대 9m 낙차를 이용하여 수차를 돌려 전기를 만들지. 하루 2번 조수 간만의 차로 깨끗한 재생 에너지를 생산하는 거란다.

시화호 조력 발전소는 세계 최대 규모로 전기를 생산한다고 들었어요.

그래. 연간 5억 5000만 kw(킬로와트)의 전기를 생산하는데, 이것은 세계 조력 발전소가 만들어 내는 발전 용량 중에 최대 발전 용량으로 인구 50만 명의 도시에서 1년 동안 쓸 수 있는 양이야. 프랑스의 랑스 조력 발전소를 뛰어넘는 규모이지!

재생 에너지에 대한 관심도 중요하지만, 무엇보다 에너지 절약이 필요하겠죠. 당장 쓰지 않는 컴퓨터의 플러그부터 뽑아야겠어요.

강 바다 오염을 막는 환경 지킴이가 되자

박사님! 강과 바다를 위협하는 오염을 막기 위해 우리가 할 수 있는 일을 생각해 봤어요. 음식물 찌꺼기와 기름기를 휴지나 헝겊으로 닦고 설거지를 하면 물과 세제를 아낄 수 있을 거예요. 그리고 가족들과 일주일에 한 번은 물건 사지 않는 날을 정하고 실천할래요.

기특하구나. 암, 그래야지.

강과 바다의 미래는 지금 우리의 행동에 달려 있어요! 양치질할 때 수도꼭지를 잠그고 물컵을 사용하고요, 샤워하는 시간을 줄이기 위해 시계를 욕실에 두고 시간을 재는 것도 좋겠어요. 친구들과 벼룩시장을 열어서 '아나바다(아껴 쓰고 나눠 쓰고 바꿔 쓰고 다시 쓰는 것)' 운동도 실천하고요.

오호, 모두가 그렇게 하면 물을 절약할 수 있고 강과 바다도 깨끗해지겠는걸. 한국강바다연구소 건물에는 빗물 이용 시설이 설치되어 있단다. 빗물로 청소도 하고, 화장실 용수로도 쓰고 있지. 우리 연구실에선 이면지 사용은 기본이고, 각종 공과금 용지를 이메일로 받아 보고 있어.

강과 바다에 관한 탐사와 연구뿐만 아니라 환경 오염을 줄이는 실천 방법을 더욱 알아봐야겠어요.

환경 오염을 줄이기 위해서 너희들이 사는 지역의 환경 단체에 가입해서 어린이들이 실천할 수 있는 다양한 활동에 참여하는 것도 좋을 거야.